www.tredition.de

AF204450

Beate Gokorsch

Die Prinzessin auf der Erbse hatte Multiple Sklerose

www.tredition.de

© 2017 Beate Gokorsch

Verlag und Druck: tredition GmbH, Grindelallee
188, 20144 Hamburg

ISBN
Paperback: 978-3-7439-5299-7
Hardcover: 978-3-7439-5300-0
e-Book: 978-3-7439-5301-7

Für Irena

Die immer für mich da war und mich begleitet hat. Sie gab mir viel Hoffnung und Zuversicht. Danke

Für Petra

Ohne sie wäre das Buch nie entstanden. Sie hat immer an mich geglaubt und hat mit mir gearbeitet. Ohne sie hätte ich das Buch niemals schreiben können. Danke

Meine Krankheitsgeschichte

Der Ratgeber

Vorwort

Schon die Prinzessin auf der Erbse hatte Multiple Sklerose.

Seit meiner Erkrankung denke ich oft an das Märchen, in dem die Prinzessin grün und blau ist vom Liegen auf der Erbse durch mehrere Matratzen hindurch. Ich fühle mich wie diese Prinzessin. Doch auch, wenn eine so empfindlich ist, und wenn sie von Kopf bis Fuß gelähmt ist, kann das Leben schön sein.

Dieses Buch möchte Ihnen Mut machen. Mut dazu, trotz Ihrer

schweren Erkrankung gelassen in die Zukunft zu schauen. Mut dazu, unbequem zu sein, wenn es notwendig ist. Und Mut dazu, auf Ihre eigenen Bedürfnisse zu achten, auch wenn sie den anderen Menschen nicht passen sollten.

Außerdem möchte es Ihnen den Umgang mit den Hilfsmitteln, die Sie eventuell benötigen, erleichtern. Dazu soll es Möglichkeiten aufzeigen, wie sich das Leben mit einer schweren Erkrankung gestalten kann. Es ist immer von Vorteil, genau zu wissen, wovon man (oder frau) redet, wenn man (oder frau) etwas haben will. Vielleicht hilft Ihnen dieses Buch, sich im Dschungel der vielen Hilfsmittel ein bisschen besser zurechtzufinden. Vielleicht nehmen Sie die eine oder andere meiner Anregungen für Ihr Leben auf.

Häufig hört man (oder frau) oder denkt bei sich selbst den Satz: „Was sollen denn die Leute denken?" So erging es auf jeden Fall mir selbst, vor allem am Anfang meiner Erkrankung. Wenn man (oder frau) jedoch genau hinschaut, kennen nur die wenigsten Leute andere Menschen, die Multiple Sklerose oder eine andere schwere Erkrankung haben. Sie aber haben diese schwere Erkrankung und was andere Menschen denken könnten, kann Ihnen am Knie (vornehm ausgedrückt, sonst würde ich sagen, einen halben Meter höher) vorbeigehen.

Ich glaube, es kommt nicht darauf an, wie Bekannte, Freunde oder sonst wer ihre Krankheit einschätzt, sondern darauf, wie Sie sich selbst mit der Krankheit sehen. Und darauf, wie Sie selbst das Leben noch genießen wollen. Niemals hätte ich gedacht, dass ich mein Leben als schwerbehinderte Frau noch genießen kann. Aber ich kann zumeist und darauf, so glaube ich, kommt es an.

Und das, so meine Überzeugung, ist für meinen Zustand viel besser als jede pessimistische Einschätzung.

Kapitel 1: Krankheitsgeschichte

Damals, ich war gerade 42 und stand mitten im Leben. Meine Tochter war erwachsen, ich liebte meinen Beruf als Sozialpädagogin und Leiterin des Frauenhauses am Ort. Ich hatte mir mit meiner Lebensgefährtin ein kleines Häuschen (wirklich klein, nämlich 50 m²) mit einem großen Garten völlig außerhalb der Stadt und doch mittendrin gekauft. Es ging mir richtig gut.

Da traf mich unvorbereitet der Schlag, als ich am selben Tag die Diagnose Multiple Sklerose erhielt und den Hinweis, ich sollte unbedingt meine Rente beantragen.

Klar, ich hatte schon mit etwas unangenehmem gerechnet, denn natürlich hatte das Ganze eine Vorgeschichte. Ich konnte, zum Beispiel, nicht mehr lange mit meinem Hund gehen, mit dem ich oft und lange spazieren ging, ohne mit den Füßen so richtig auf zu platschen. Das war für mich ein ziemlich ernstes Problem, denn das Laufen mit dem Hund machte mir richtig Spaß. Ich hatte ebenfalls mit dem Gleichgewicht Probleme. Das fiel sogar meinem Nachbarn auf und es trug mir, völlig zu Unrecht, den Ruf ein, ich hätte ein Alkoholproblem. Und ich brauchte alle Kräfte, um beim Schwimmen nach fünf Bahnen noch aus dem Wasser zu kommen. Und das, obwohl ich jeden Sonntag, wenn wir Zeit und Lust dazu hatten, 50 Bahnen geschwommen bin. (Ich bin nicht wirklich sportlich, aber schwimmen ist das einzige, was ich gerne und regelmäßig tat).

Aber mit einer solchen Nachricht habe ich nicht gerechnet. Das traf mich wie ein Keulenschlag. Da war ich erst mal bedient. Ich ging nach Hause und musste mich erholen. Ich spürte, wie ich eine große Wut bekam, nur leider hatte ich niemand auf den ich diese Wut richten konnte. Das machte mich völlig hilflos.

Gleich anschließend musste ich auf Reha gehen. Das war im Jahr 2003, nachdem ich die Auskunft noch nicht verdaut hatte und sozusagen unter Schock stand.

Die erste Hälfte meiner Zeit in der Reha stand ich noch immer unter Schock. Aber dann kam eine Frau, die auch mit einer Frau zusammen lebte. Sie war um einige Jahre älter als ich, Tierärztin und hatte ihre Diagnose auch mit 42 erhalten. Sie lebte immer noch. Das holte mich wieder raus aus meinem Schock. Zu meinem Glück beschlossen wir, noch im gleichen Jahr mit unseren Partnerinnen mit einander nach Norwegen in den Urlaub zu fahren. Das war eine super Idee, denn dieser Urlaub war sehr schön und ich lernte von ihr einige wichtige Kniffe, um mit dem Rollstuhl zu fahren. (Welche Tipps und Kniffe das waren, steht im zweiten Teil dieses Buches.)

Da ich noch keinen eigenen Rollstuhl hatte, nahm ich einen Leih-Rollstuhl mit nach Norwegen. Ich wollte bis zu diesem Zeitpunkt nicht, dass mich jemand in einem Rollstuhl sitzen sieht.

Wir amüsierten uns köstlich in diesem Urlaub. Es tat mir gut, wieder zu sehen, wie sehr das Leben Spaß machen kann.

Wieder zu Hause, konnte ich mich jetzt eher den Problemen des Alltags stellen. Auch der Tatsache meiner Krankheit konnte ich wieder eher ins Auge sehen als vor dem Urlaub, bevor ich kapiert habe, dass es auch nach dem Erhalt der Diagnose noch ein Leben gibt.

Früher bin ich oft mit dem Auto zum Briefkasten gefahren. Eine Rotphase genügte mir, um kurz aus dem Auto auszusteigen, um den Weg zum Briefkasten zu gehen. Ich merkte am Hupen der anderen Autofahrer, dass mir eine Rotphase nicht mehr ausreichte, um wieder ins Auto zu kommen. Daraufhin beschloss ich, nicht mehr zum Briefkasten zu fahren. Das fiel mir nicht schwer, es war keine bedeutungsvolle Tätigkeit.

Langsam bemerkte ich, wie ich immer schwerfälliger wurde, und das in einem rasanten Tempo. Das machte mir Angst. Zu dieser Zeit ging ich in eine Selbsthilfegruppe, die sich einmal die Woche in einem Restaurant traf. Am Anfang war ich noch eine der Fittesten, aber schon nach kurzer Zeit war ich eine derjenigen, die nur noch schwer laufen konnte. Das machte mir noch mehr Angst und ich dachte, viel fehlt nicht mehr, und dann geht es mit mir zu Ende. Weil das alles zu schrecklich war für mich, und weil ich nicht wusste, wie ich damit umgehen sollte, tat ich das einzige, was mir blieb. Das war das Verdrängen.

Nach Außen wirkte ich gefasst. Aber ganz Innen sah es ganz anders aus. Ich glaube heute, ich hätte zu diesem Zeitpunkt niemals über meine Lage sprechen können, selbst wenn mich jemand darauf angesprochen hätte. Und meine Lebensgefährtin hat das oft versucht. Ich war mir sicher, mein Ende stand vor der Tür. Das war für mich so bedrohlich, dass ich damit überhaupt nichts anfangen konnte. Weil ich mich mit meinem Leben so derartig bedroht fühlte, geriet ich völlig durcheinander. So rutschte alles, was mich bedrohte, in meinem Kopf ganz nach hinten, denn vordergründig funktionierte ich gut und wurde mit meiner Situation ganz gut fertig. Dazu kam dann noch, dass ich Alltagsprobleme lösen musste und immer gut funktionierte, wenn es einmal richtig schwierig wurde.

Ein wichtiges Problem war, dass ich, wenn ich einmal ohne Rollstuhl unterwegs war, immer nach einem Ruheplatz Ausschau hielt. Das war alles sehr anstrengend. Deshalb beschloss ich nach einigem hin und her, ich müsste einen eigenen Rollstuhl haben. Also ging ich zu meiner Reha Firma und orderte einen. Damit war ich viel mobiler und meine Freundin schob mich gerne. Das war für mich ein großer Schritt, nun konnten aber so alle sehen, dass etwas mit mir nicht stimmte. Natürlich merkte das jeder so wie so, denn ich hatte mit meinem Stock einen seltsamen, etwas unbeholfenen Gang. Aber so konnte ich mir einbilden, niemand würde etwas bemerken.

Ich wechselte eine kurze Zeit zwischen Rollstuhl und Stock, je nach dem, was wir vorhatten. Leider ging das nur kurze Zeit. Dann musste ich immer den Rollstuhl nehmen, weil ich nicht mehr die Kraft hatte, mit dem Stock zu gehen. Das war das Ende meiner Einbildung. Dies fiel mir sehr schwer, denn es bedeutete, dass ich in viele Häuser nicht mehr hinein gehen konnte. Das bedeutete für mich zum Beispiel einen totalen Verzicht auf meine Cafébesuche, denn da war vor dem Haus eine Stufe. Überhaupt war für mich ein großes Problem, dass ich immer so kaputt war. Ich hätte schon beim Frühstück meinen Kopf neben die Müslischüssel legen können. Das schränkte mich in allem, was ich tat, ein und ich nahm dagegen Amantadin ein. Das half ein bisschen, aber nicht viel. Ich gewöhnte mich daran, früher zu Bett zu gehen, und ich gewöhnte mich auch daran, immer ein bisschen weniger belastbar zu sein als alle anderen. Was mir hingegen wirklich sehr schwer fiel, war, dass wir unser Häuschen wieder verkaufen mussten. Für einen Umbau oder Anbau kam es nicht infrage, da es sich von der Bausubstanz her nicht eignete. Das fand ich sehr schade, denn ich hatte mich so wohl gefühlt in diesem Häuschen. Zum Glück wollte meine Freundin auch, dass wir das Häuschen verkaufen und sie wollte mit mir in eine Wohnung ziehen, die behinderten gerecht gebaut war.

Wir fanden so eine Wohnung, in der wir unseren Hund und unsere zwei Katzen mitnehmen konnten. Es fand sich sogar eine Lösung, mit der mein Dreirad mit Elektro Motor mitkonnte. Nun ergab sich ein anderes Problem. Meine rechte Hand wollte langsam nicht mehr. Innerhalb ganz kurzer Zeit (drei Monate), konnte ich meine rechte Hand nicht mehr bewegen. Zum Glück konnte ich die linke Hand noch gut bewegen, obwohl sie eine heftige Ataxie (Zittern) hatte.

Ich konnte beispielsweise jemandem nur unter größten Schwierigkeiten die Hand reichen. Zum Glück hatte ich damals gerade eine Maltherapie angefangen. Das Angebot gab ist für alle schwerer behinderten Menschen, zu denen ich auch gehörte, obwohl ich mich nicht so empfand. In dieser Maltherapie lernte ich, meine linke Hand genauso zu benützen wie die Rechte (mir fiel das nicht so schwer, ich hatte immer schon manchmal mit der linken gemalt). Aber der Abschied von all den Fähigkeiten meiner rechten

Hand fiel mir sehr schwer. Vor allem meine Unterschrift konnte ich nicht mehr so schwungvoll nachzeichnen. Und an der linken Hand hatte ich eine Ataxie, das heißt, ich zitterte mit meiner linken Hand, was auf den Bildern manchmal zu sehen ist. Meine linke Hand übernahm schön alle Aufgaben, die die rechte Hand zuvor hatte. Das schenkte mir noch viele Jahre, in denen ich eine Hand benutzen konnte. Mein Alltag wurde immer beherrschter von meiner Krankheit und das schlug sich erheblich auf meine Laune nieder.

Jeden Morgen erwachte ich mit dem Gedanken: „O Gott, ich habe Multiple Sklerose!" Natürlich konnte das nicht förderlich für meine Laune sein, aber ich konnte nicht anders. Und auch das Umziehen an einen anderen Ort hat mir mehr ausgemacht, als ich zum damaligen Zeitpunkt wusste. Ich kam mir sehr nutzlos vor und ich musste ganz oft an den Satz meines Vaters denken: „Wer nicht arbeitet, soll auch nicht essen." (So ein Blödsinn, aber damals spukte es immer wieder in meinem Kopf herum).

Ich war immer zu Hause, wartete auf meine Lebensgefährtin, die natürlich nach wie vor Vollzeit arbeitete. Ich musste mich sehr quälen, denn meine Blase wurde immer kleiner. Ich musste also sehr häufig auf die Toilette und das war so anstrengend. Dann merkte ich, wie ich weniger trank und da beschloss ich, mir einen suprapubischen Katheter legen zu lassen. Ich machte mich kundig, unter anderem mit Hilfe des Internets. Ich wollte so wenig Blasenentzündungen wie möglich riskieren und deshalb entschied ich mich für diesen Katheter. Den ließ ich mir im Krankenhaus legen und nach zwei Tagen durfte ich wieder nach Hause. Mit dem Katheter ging es mir wieder viel besser. Ich musste nicht mehr dauernd auf die Toilette. (Erklärung im Anhang)

Mittlerweile wurde ich immer schwächer. Ich bekam die Tür in der Tiefgarage zu meinem Auto nicht mehr auf. Das Autofahren selbst habe ich aufgegeben, weil ich mich nicht mehr für eine sichere Verkehrsteilnehmerin hielt. Das machte mir nicht so viel aus, seltsamerweise, denn bis dahin dachte ich immer, das Autofahren sei mir ganz wichtig. Aber das war es gar nicht.

In der Zwischenzeit war die Mutter meiner Lebensgefährtin gestorben und der Vater bot uns an, in seine 4-Zimmer Wohnung zu ziehen. Nachdem wir ein paar Reparaturarbeiten machen mussten, stand einem Umzug nichts mehr im Wege. Die neue Wohnung war in einem Haus mit drei Etagen. Im der obersten Stockwerk wohnte fortan der Vater meiner Freundin, in der Mitte die Schwester meiner Freundin und im Erdgeschoß wir, mit Ausgang (rollstuhlgeeignet) in den Garten auf dem Land. Dabei dachte ich, mir macht es nichts aus, dass ich dort niemanden kannte und dass ich in allem fremd war. Aber das stimmte nicht. Es musste mehrmals am Tag eine Sozialstation zu mir kommen und mich pflegen. Am Abend übernahm meine Freundin deren Part. Es war ihr aber viel zu viel und so beschlossen wir beide, oft unter Tränen, dass meines Bleibens in einem Heim besser wäre. Dazu kam, dass ich sowieso der Meinung war, mein letztes Stündchen hätte schon geschlagen und ich verschenkte alle meine Sachen. Und den Rest gab ich in eine Schachtel mit der Aufschrift „Für meine Tochter". Es gab noch einige Dinge, über deren Verbleib ich mir gar keine Gedanken mehr machte. Wir zwei hatten eine tränenreiche Zeit miteinander. Aber es wurde klar, dass es mit der Belastung für meine Partnerin nicht mehr ging. Danach setzten wir uns in Verbindung mit der Leitung eines Heimes der Arbeiterwohlfahrt, zu dem wir aufgrund unserer Arbeitsverhältnisse, ebenfalls bei der Arbeiterwohlfahrt, einen Bezug hatten. Also zog ich, nun alleine, in das Heim. Es war nicht so, dass ich mir viele Gedanken gemacht hätte über meine Zukunft, zu diesem Zeitpunkt glaubte ich sowieso, ich hätte keine. Heute kann ich dazu nur sagen, dass diese Verhaltensweisen Zeichen meiner Depression waren.

Kapitel 2: Im Pflegeheim

Dort bekam ich ein Zimmer im zweiten Stock mit einem eigenen Bad. Alle meine Möbel, die ich mitnehmen wollte, gingen hinein. Die restlichen Möbel interessierten mich damals überhaupt nicht.

Gleich zu Anfang bekam ich gesagt, mit meinen dreimal am Tag Aufstehen, das ginge nicht. Und fortan hatte ich ca. alle halbe Jahre einen Termin mit der Pflegedienstleitung und der Hausleitung. Jedes Mal wurden mir Wünsche gekürzt, bis es nichts mehr zu kürzen gab. Und dann bat ich einfach nur darum, nichts mehr weiter zu kürzen, denn das wäre an meine persönlichen Minimalbedürfnisse gegangen. Ich versprach, zum nächst möglichen Termin auszuziehen. Ich glaube, ich habe mich niemals an den Gedanken gewöhnen können, dass ich in einem Pflegeheim zu leben. Ich habe mich immer schwer mit dem Gedanken getan, in dem Pflegeheim zu Hause zu sein. Außerdem wurde ich von Seiten der Heimleitung und der Pflegedienstleitung mit ihren dauernden Kürzungen in den Widerstand getrieben.

Im Nachhinein finde ich das richtig gut, weil es mir das Ausziehen aus dem Pflegeheim leicht gemacht hat. Ich habe genug Dinge zum einen gesehen, zum anderen an Gewohnheiten angenommen, die ich niemals in „freier Wildbahn" angenommen hätte. Es ist mir schwer genug gefallen und fällt mir teilweise heute noch schwer, auf mir liebe Gewohnheiten zu verzichten.

Der Zufall, dem ich das kennen vom ABW verdanke, hat mich sofort beflügelt, mein Augenmerk wieder auf die Zukunft zu lenken und auf das ausziehen. Wenn ich mehr verwurzelt gewesen wäre, wäre mir das ausziehen bestimmt schwerer gefallen.

Es ist nicht so, dass es keine netten Pflegekräfte gab, aber die können halt auch nur, wie es der knappest bemessene Personalschlüssel zulässt. Und zudem gibt es auch noch die weniger netten Pflegedienst-Personen.

Ich würde sagen, im Pflegeheim wurde ausschließlich auf meine körperlichen Bedürfnisse eingegangen. Dass ich darüber hinaus auch noch Bedürfnisse habe wie zum Beispiel irgendwelche eigenen Vorstellungen von bestimmten Dingen, wurde gar nicht wahrgenommen. Zum Beispiel eine Fernsehsendung bis zu deren Ende anzuschauen. Ich musste auch erst eine Zeit wieder im normalen Leben angekommen sein, um meine Bedürfnisse wahrnehmen zu können. Und man könnte sagen, welch Unverschämtheit von mir, dass ich noch andere Bedürfnisse habe. Aber so ist es halt mit den Menschen. Ich habe eine lange Zeit gebraucht, bis ich wieder ganz selbstverständlich eigene Wünsche überhaupt auch nur wahrnehmen konnte. Doch zum Glück kann ich das bis heute wieder. Jetzt lebe ich seit zweieinhalb Jahren wieder für mich allein und ich brauche immer noch Zeit, um wieder normale Ansprüche zu stellen.

Insgesamt würde ich sagen, dass es sich niemals für jemanden lohnt, ins Pflegeheim zu ziehen, der klar im Kopf ist und noch eigene Vorstellungen von manchen Dingen hat. Da denke ich zum Beispiel an den Nikolausbesuch bei uns auf der Station. Ich bin schon seit vielen Jahren dem Besuchsalter vom Nikolaus entwachsen und ich habe nicht die Absicht, dorthin zurückzukehren, auch im Pflegeheim nicht. Jede andere Lösung ist dem vorzuziehen. Ich habe vier Jahre im Pflegeheim gelebt und ich kämpfe heute noch, nach dem ich mehr als zwei Jahre eigenständig lebe, mit manchen Sachen. Zum Beispiel trinke ich immer noch wie ein Kamel, so viel wie geht, immer wenn es was zum Trinken gibt. Und ich trinke immer noch am liebsten Wasser, denn Tee, der schon 2 Stunden gezogen hat, möchte niemand trinken.

Jedenfalls bin ich sehr froh, aus dem Pflegeheim heraus gekommen zu sein. Es ist wirklich schlimm, mit ansehen zu müssen, wie Menschen aus Langeweile auf Dauer sterben.

Einen großen Anteil daran, dass ich die Kraft hatte, wieder in eine normale Wohnung zu ziehen, hatte das ABW (Erklärung im Anhang). Ich möchte mich gar nicht lange beim Pflegeheim aufhalten, denn die Erinnerungen daran sind zu viel, d.h. für mich schrecklich. Ein Gutes hat es. Ich bin für jeden Tag froh, eigenständig zu sein und wieder eine eigene Wohnung zu haben.

Es geht mir hier so gut, dass ich sogar kein Klistier mehr bekommen muss. Das hatte ich im Pflegeheim und auch schon zuvor alle vier Tage. Überhaupt glaube ich, dass meine Ernährung eine große Rolle dabei spielt. Ich ernähre mich vegan. (Erklärung im zweiten Teil)

Ebenso ist mein Tabletten Konsum hier drastisch gesunken. Ich nehme nichts mehr zum Einschlafen, obwohl ich vorher zehn Jahre lang eine Schlaftablette nahm. Auch ein Verzicht auf meine Ohren Stöpsel fällt mir nicht schwer. Natürlich gibt es immer noch Nächte, in denen ich wenig schlafe, aber das ist für mich in Ordnung. Ich nehme nur noch, und dazu gibt es keine Alternative, Baclofen. Das ist eine Muskel-Entspannung.

Meines Erachtens ist hier die Lebensqualität so hoch, dass es sich für mich lohnt, diesen Weg zu gehen. Dank meiner Assistenz (Erklärung im zweiten Teil) habe ich hier mit „PAsst" für mich das Ideale gefunden. (Auch Erklärung im zweiten Teil).

Heute geht es mir wieder so gut, dass ich gerne allen Patienten und Patientinnen mit multipler Sklerose oder einer ähnlich hässlichen Krankheit Mut machen möchte. Es gibt tatsächlich auch ein Leben mit der Krankheit und es lässt sich gut mit ihr leben, wenn man (oder frau) erst mal akzeptiert hat, dass es so ist. Und ich wage zu behaupten, dass ich ohne meine Krankheit psychisch niemals an der Stelle wäre wie jetzt. Es gibt auch für mich viele Dinge, die ich gerne machen würde aber nicht kann. Das ist ein Grund zum traurig sein, aber kein Grund, das Leben abzulehnen oder den Rest des Lebens Trübsal zu blasen.

Kapitel 3: Der Weg aus dem Heim

Was frau (oder man) dazu braucht, sind mindestens 2 Personen, die Sie dabei eisern unterstützen und Sie auch außerhalb des Heimes sehen wollen. Ansonsten ist es von großem Vorteil, sich mit den Bedingungen (Sozialer Wohnungsbau, Barrierefreiheit, Finanzierung etc.) für einen Umzug in eine eigene Wohnung auszukennen. Da das selten der Fall ist, ist es bestimmt gut, wenn Sie entweder den Behindertenbeirat oder jemanden von der Deutschen Multiple Sklerose Gesellschaft als Unterstützung haben. Am besten ist es, Unterstützung aus der nächsten Verwandtschaft oder Bekanntschaft zu haben. Und ein langer Atem ist wichtig. Es wird mindestens ein Jahr dauern bis Sie an den Umzug denken können. Niemand sagt, dass einmal im Heim immer im Heim heißt. Ich weiß, dass viele Menschen mit Multipler Sklerose völlig unnötig in Heimen leben.

Geben Sie nicht auf, es lohnt sich auf alle Fälle. Mit dem Zauberwort

der „Inklusion" können Sie viel erreichen.

Kapitel 4: Das führt Sie direkt in den Wald

Dort im Wald verirren Sie sich und kommen niemals mehr heraus. Ein gutes Beispiel ist die Frage: warum ich? Eine Frage, über die man (und frau) trefflich lange nachdenken kann, ohne dass jemals etwas dabei herauskommt. Eine solche Frage oder etwas Ähnliches bindet nur viele Kräfte und ist für gar nichts gut. Wenn Sie diese Kräfte bündeln können und sie für ihre Interessen einsetzen können, haben sie schon viel gewonnen.

Wenn Sie dagegen Ihre Zeit mit Nachdenken darüber verbringen wollen, warum es ausgerechnet Sie getroffen hat, so krank zu sein, dann ist das eine gute Gelegenheit, vielleicht niemals weiter zu kommen. Diesen Stillstand zu wünschen, muss man (oder frau) haben wollen. Das ist jedenfalls ein Garant dafür, sich nicht weiter entwickeln zu müssen.

Kapitel 5: Grundsätzliches

Natürlich ist es nicht einfach, die Initiative für die eigene Person zu übernehmen. Sie können auch warten, bis sich jemand bereit erklärt, Sie zu bedauern für Ihr gemeines Schicksal. Aber ich glaube, das hilft nicht. Ich habe mir einen Satz aus meiner ersten Reha gemerkt. Den finde ich nach wie vor gut: „Passen Sie die Umgebung sich an, passen Sie nicht sich an die Umgebung an". Mit diesem Satz und mit der Devise, sich nur zu nehmen, was einem wirklich zusteht ging ich weiter durchs Leben. Es klingt vielleicht hart, aber die Person mit der multiplen Sklerose (oder einer anderen scheußlichen Krankheit) sind Sie. Und es zahlt sich auf Dauer für Sie aus, wenn Sie auf sich achten. Sonst wird es niemand für Sie tun.

Außerdem ist es für Sie besser, wenn Sie sich und ihren Körper gut kennen. Gut ist, wenn Sie zum Beispiel nicht einfach sagen müssen, dass ihr Arm weh tut, sondern dass Sie es genau sagen können, wo er weh tut. Das heißt, Sie müssen ihren Körper kennen lernen.

Dabei wesentlich behilflich war für mich das Buch:

„Dem Leben wiedergegeben", von Sonja Wierk.

Zuerst habe ich das Buch nur einmal gelesen. Aber letztlich habe ich es immer wieder und wieder gelesen und versucht, mich an das Buch zu halten. Das hat mir sehr geholfen. Das und die Kraft des Mentalen waren für mich sehr wichtig.

Ich bin zwar heute von Kopf bis Fuß gelähmt (mit Ausnahme des Halses und allem was den Kopf betrifft), aber ich merke auch heute noch, wie wichtig es für mich ist, alles möglichst genau zu spüren. So kann ich beispielsweise genau sagen, welches meiner Beine nicht so liegt, wie es liegen soll, um möglichst bequem zu sein und mir keine Druckstellen einzubringen. Und am besten ist es, wenn ich selbst präzise weiß, wie genau mein Bein liegen soll. Denn außer mir weiß das niemand. Niemand achtet auf mich, wenn ich es nicht selbst tue. Das ist sehr wichtig, weil niemand leidet unter Druckstellen mehr als ich selbst, niemand anderes wird darunter leiden müssen. Es liegt also in meinem eigenen Interesse, mich darum zu kümmern.

Das alles hat mir bis heute geholfen, keine einzige Druckstelle und keine offene Stelle zu bekommen. Mich zu lagern, nimmt fast eine Stunde in Anspruch. Aber es lohnt sich, so pingelig zu sein und nicht früher Ruhe zu geben, bis die Lagerung wirklich passt.

Es lässt sich einwenden, dass man (oder frau) gar kein Gefühl mehr in der dementsprechenden Region hat. Dies lässt sich wiederherstellen. Ich weiß das, ich hatte selbst öfters keine Gefühle mehr in meinen Fingern, aber da hilft nichts als immer wieder das entsprechende Körperteil mit Muskeln (so vorhanden, wenn nicht, dann ohne) und mit Hilfe von anderen Menschen immer wieder berühren zu lassen, bis sich wieder ein Gefühl einstellt. Niemand behauptet, dass das besonders schnell geht oder einfach ist. Aber ich finde, Sie könnten es sich wert sein.

Ich finde das wichtig, ich selbst bin es mir wert. Auch wenn ich das mühevoll lernen musste. Diese Sicht der Dinge macht mir vieles leichter. Sie können jetzt vielleicht sagen, dass es nicht so einfach ist, dem Leben immer eine positive Seite abzugewinnen. Aber auch mir ist keine positive Sicht der Dinge in die Wiege gelegt worden. Natürlich kann man (und frau auch) dies lernen. Niemand sagt, dass das besonders einfach sei, aber es ist nicht unmöglich. Es ist vielleicht einfacher, zu denken, „ach was soll's".

Aber das Leben hört nicht einfach auf, nur, weil es hässlich und unbequem geworden ist.

Kapitel 6: HSP – Hochsensible Personen

Ich finde es wichtig, im Vorfeld zu klären, ob man selbst zu dieser Gruppe gehört oder nicht. Es handelt sich um die hochempfindlichen Personen, zu denen etwa 15-20 % aller Menschen gehören, Auf diese Personen Rücksicht zu nehmen, ist in unserer Gesellschaft völlig unüblich. Wenn zum Beispiel ihre ganze Schulklasse davon träumt, dass ein Schulausflug gemacht wird in das nahe liegende Freizeitzentrum, und nur sie Einzige denken: Oh Gott, so viele Menschen, so viel Krach und so viel überhaupt. Dann ist es wahrscheinlich, dass sie auch zu diesem Personenkreis dazu gehören.

Ich hatte immer das Gefühl, etwas weniger belastbar zu sein als andere, aber ich hatte es immer auf meine individuelle Geschichte geschoben.

Ich möchte in diesem Zusammenhang die Bücher „Zartbesaitet" von Georg Parlow, das „Drama des begabten Kindes" von Alice Miller (das man ergänzend dazu lesen kann), und „Die Kunst sich selbst auszuhalten" von Michael Bord wärmstens empfehlen.

Wenn Sie auch immer den Eindruck hatten, sie seien weniger belastbar als die meisten anderen, und sie hatten das Gefühl, sie müssten sich häufig zurückziehen, dann ist es vielleicht so, dass sie auch zu den Personen gehören.

Ich musste 54 Jahre alt werden, bevor ich wusste, dass ich auch zu den HSP gehöre. Vorher dachte ich, ich hätte einen Vogel, weil ich so oft das Gefühl hatte, nicht mit den anderen Leuten Schritt halten zu können. Nur mein reiches Innenleben gefiel mir gut und es hielt mich auch erfolgreich davon ab, während meines Aufenthaltes im Heim durchzudrehen.

Am aufschlussreichsten scheint mir das Buch „Zartbesaitet" zu sein. Mir hat es auf jeden Fall sehr weitergeholfen.

Kapitel 7: Das sogenannte Fatigue-Syndrom

das ist leider bei vielen schweren Erkrankungen eine unangenehme Begleiterscheinung. Ich habe das, und zwar ziemlich ausgeprägt, seit ich Multiple Sklerose habe. Leider schränkt es das ganze Leben ein. Und ich muss darauf Rücksicht nehmen, weil ich sonst auf dem Zahnfleisch daher komme. Das habe ich mehrfach ausprobiert, aber es hat alles keinen Zweck. Man kann zwar medikamentös dagegen vorgehen, zum Beispiel mit

Amantadin, aber das hat alles viele Nebenwirkungen, zum Beispiel das Ansteigen des Blutdrucks. Bei mir war das extrem, dann musste ich das Absetzen. Außerdem bezahlt keine Krankenkasse für Menschen mit multipler Sklerose das Amantadin, denn das ist eigentlich ein Medikament gegen Parkinson. Deshalb und weil ich auch auf Dauer kein Medikament nehmen wollte, was nicht unbedingt sein muss, habe ich beschlossen, lieber auf meinen Zustand Rücksicht zu nehmen und lebe sehr zurückgezogen. Das

bedeutet für mich, nicht an Abend-
veranstaltungen teilnehmen zu
können. Allerdings weiß ich auch
nicht, ob es ansonsten möglich wäre. Denn ich weiß, ich bin immer
schon um 17:00 Uhr so fix und fertig, dass ich um diese Zeit ins Bett
gehe, (gehen muss) allerdings sehe
ich dann fern. Für mich ist das genug für den Tag, weil ich weiß, wie
es ist, wenn ich nach 18:00 Uhr etwas tun oder sagen soll. Ich gebe
es nicht gerne zu, aber um diese
Zeit funktioniert mein Kopf nur ganz
langsam. Überhaupt glaube ich,

dass das Fatigue- Syndrom am meisten Einfluss nimmt auf unseren Zeitablauf. Es nützt nichts, darauf keine Rücksicht zu nehmen, die Zeche zahle sowieso ich (spätestens am nächsten Tag). Und ich weiß, dass es sich rächt, wenn man das nicht beachtet. Ich habe zwar gehört, dass das nicht so schlimm sein soll, denn es soll keine dauerhafte Wirkung auf einen haben. Aber so ist es für meinen Geschmack viel angenehmer.

Überhaupt glaube ich, dass es für uns alle besser ist, Zeit so angenehm wie möglich zu verbringen. Denn niemand kann ernsthaft wollen, dass es uns nicht gut geht und wir warten auf einen unbestimmten Tag, bis wir es uns angenehmer machen dürfen.

Kapitel 8: Der Rollator

Bei der Auswahl eines Rollators empfehle ich, darauf zu achten, dass er einen guten Stand hat, das heißt, er sollte nicht gleich umkippen, wenn er ein bisschen angestoßen wird. Ebenfalls wichtig ist es, darauf zu achten, über welche Bremsen das Gerät verfügt, denn die meisten Bremsen sind für Leute mit multipler Sklerose zu schwergängig. Leichter zu betätigen sind Seilzugbremsen, aber die sind selten zu bekommen. Ich weiß noch, dass die Firma ehac einen solchen

Rollator im Sortiment hatte. Dieser war für mich leichtgängig genug und relativ stabil. Auch der Rollator wird übrigens von der Krankenkasse bezahlt. Vermutlich gibt es in der Zwischenzeit neue Modelle, die tauglicher sind und bessere Bremsen haben. Aber unbedingt vorher ausprobieren. Wahrscheinlich ist es auch hier wieder so, dass Sie Ihrer Reha Firma gegenüber hartnäckig sein müssen, aber ohne Ausprobieren hat das alles keinen Zweck. Es kann gut sein, dass Ihrer Reha Firma Ihnen keinen Rollator zum vorherigen Austesten zur Verfügung stellen will, weil Sie nicht auf dem Teil sitzen bleiben möchte. Aber ich nehme an, Sie auch nicht

Kapitel 9: Der Rollstuhl und was daran wichtig ist

Wenn es für Sie notwendig ist, einen Rollstuhl zu benützen, so achten Sie bitte auf Folgendes: die Person, die Sie überwiegend schieben wird, sollte es möglichst bequem haben und deshalb ist es wichtig, dafür zu sorgen, dass Ihr Rollstuhl hinten an den Griffen höhenverstellbar ist. Sinnvoll ist auch, wenn der Rollstuhl über zwei feststellbare Handbremsen verfügt.

Die Greifreifen sind zumeist aus Metall, das ist jedoch auf Dauer nicht angenehm für ihre Hände. Es gibt Gummireifen, die über die Metallreifen gezogen werden und diese sind sehr viel angenehmer. Außerdem können Fahrradhandschuhe noch sehr hilfreich sein.

Wichtig für Ihre Hand ist auch, dass der Rollstuhl einen Räderschutz hat. Ein einfacher Schutz (z.B. Folie) reicht aus, um die Finger vor den Speichen zu schützen.

Wenn Sie sich selbst schieben, achten Sie darauf, dass ihre Räder wirklich richtig leichtgängig sind, denn sonst machen sie bald schlapp.

Wichtig für Ihre Bequemlichkeit (schließlich sitzen sie ja öfters und länger darin) ist, zu schauen, dass die Sitzlänge an Ihren Oberschenkeln angepasst wird, dass Sie optimal sitzen und im Zweifelsfall mit Kissen gepolstert werden.

Sollte ein Elektrorollstuhl das Fahrzeug Ihrer Wahl sein, so vergessen Sie nicht, dass er einen größeren Wendekreis hat und darüber hinaus sehr schwer ist, so dass eine stabile Rampe für die Überwindung von

Höhenunterschieden nötig sein würde. Natürlich nur, wenn Sie den Rollstuhl zu einer anderen Stelle transportieren wollten. Die Krankenkasse müsste Ihnen eigentlich sowohl einen Elektrorollstuhl mit Rampe, als auch einen mechanischen Rollstuhl zur Verfügung stellen. An dieser Stelle lohnt es sich, einen Kampf mit der Krankenkasse zu führen, denn die sieht oft nicht die Notwendigkeit von beiden Rollstühlen. Wesentlich ist Ihr Bewegungsradius. Vielleicht kommt für Sie auch ein Rollstuhl mit Restkraft-

Verstärker infrage. Was sich auf Dauer (bedenken Sie unbedingt Ihren Krankheitsverlauf) für Sie dann als richtig entpuppt, wissen nur Sie.

Die Vorderräder sind meist sehr klein und mit ganz wenig Gummi oder Plastik ummantelt, so dass es für Sie sehr holprig werden kann. Je nachdem, ob Ihnen das etwas ausmacht, bräuchten sie luftgefüllte Räder, mit einer etwas dickeren Auflage aus Gummi. Räder mit Luft gefüllt sind teurer und brauchen regelmäßig aufpumpen. Was sie dringend brauchen, wenn sie luftgefüllte

Reifen haben, ist eine Luftpumpe mit einem Autoventil. Und was sie immer brauchen, ist ein Schmieröl für ihren Rollstuhl, damit er leichtgängiger ist.

Bei der Anschaffung eines individuell für Sie angepassten Rollstuhls gilt wieder dasselbe. Freiwillig wird Ihnen niemand das geben, was sie wollen. Sie müssen sich gegebenenfalls für Ihre Interessen einsetzten. Denn es kann sein, dass sie bei der Krankenkasse auf Granit beißen. Meine Vorschläge für eine anderweitige Finanzierung wären: Bitten Sie Freunde oder Verwandte, Ihnen zu Ihrem nächsten Geburtstag oder zu Weihnachten das zu schenken, was sie am dringendsten benötigten. Oder sie wenden sich an ihre regionale Zeitung mit der dazugehörigen Stiftung. Vielleicht gibt es in Ihrer Nähe auch andere Stiftungen, die Sie um Finanzierungshilfe bitten könnten.

Überhaupt noch ein Wort zum Kampf mit den Krankenkassen: keine Krankenkasse will gerne etwas bezahlen. Wenn Sie wirklich etwas bezahlt haben wollen, dann müssen

Sie dafür oft kämpfen. Das heißt, nicht locker lassen, der Krankenkasse auf die Nerven gehen, nicht unverschämt werden und trotzdem klarmachen, dass es sich bei Ihnen um jemanden handelt, mit dem man nicht Schlittenfahren kann. Das ist ganz wichtig, denn die meisten Leute lassen sich ganz leicht abwimmeln mit einer Absage. Aber so eine Absage ist nicht in Stein gemeißelt und manchmal lohnt es sich, zu kämpfen. Geben Sie also nicht gleich auf. Wenn Sie keine Kraft dazu haben, suchen Sie jemanden, der Kraft hat und das für Sie in die Hand nimmt. Ich sage das so locker, aber ich weiß, dass es nicht so locker ist, sich aber trotzdem lohnt. Den Krankenkassen entschieden gegenüberzutreten ist äußerst wichtig, denn niemand wird Sie jemals belohnen dafür, dass Sie immer so brav waren und niemals aufgemuckt haben. Schließlich haben wirklich nur Sie etwas davon, wenn Sie sich für ihre Belange einsetzen.

Auf jeden Fall ist es ganz wichtig, dass Sie sich vorher umfassend informieren, denn nichts gibt mehr Wasser auf die Mühlen derer, die kein Geld ausgeben wollen, als wenig Ahnung.

Kapitel 10: Entnahme von Nerven- wasser

um zu einer endgültigen Diagnose, zumindest bei multipler Sklerose, zu kommen, wird ärztlicherseits emp- fohlen, dazu sei das Entnehmen von Nervenwasser notwendig.

Rückblickend würde ich heute sa- gen, dass es für so einen Eingriff unbedingt notwendig ist, einen sta- tionären Aufenthalt im Krankenhaus von mindestens zwei Tagen einzu- planen.

Bei dem Eingriff wird im unteren Drittel der Wirbelsäule Nervenwasser entnommen. Das tut zwar nicht weh, aber wenn man es wie ich ambulant, also ohne anschließende stationäre Aufnahme machen lässt, man also nicht direkt danach liegen kann und das auch wirklich tut, wird einem so schwindlig, dass man es gar nicht beschreiben kann. Dieser Zustand hat bei mir mindestens eine Woche angedauert. Leider hat mich niemand auf diese Tatsache hingewiesen. Da läuft mir heute noch die Galle über, wenn ich daran denke. Also ist das schon eine Gelegenheit, sich unbeliebt zu ma-

chen, falls man sich über die man-
gelnde Aufklärung beim Arzt oder
bei der Ärztin beschweren möchte.

Kapitel 11: Stehständer

Einen Stehständer zu haben, finde ich sehr wertvoll, denn der lässt uns für kurze Zeit stehen, wo wir doch die meiste Zeit sitzen müssen. Es kommt auf Sie an, je nachdem, ob Ihre Krankheit rasch voranschreitet oder nicht. Meines Wissens machen es die meisten Krankenkassen so, dass Sie wählen müssen, ob Sie lieber einen Stehständer oder ein Motomed haben wollen. Nachdem ich mich zum Schluss nicht mehr aufrecht halten konnte, habe ich ein Motomed benutzt.

Ich fand es sehr schön, einen Steh-ständer zu haben. Er funktioniert mit Gurten und mithilfe der Elektrik. Es ist nicht jedermanns oder jeder Frau Sache, sich elektrisch in die Höhe ziehen zu lassen, aber ich fand es sehr angenehm, solange ich dazu noch in der Lage war.

Der Stehständer braucht ca. 1 m² Stellfläche, er steht auf kleinen Rollen. So viel Platz muss man haben, sonst braucht man (frau) gar nicht überlegen, ob sich so eine Anschaffung lohnt.

Kapitel 12: Motomed

Das ist ein geniales Teil. Dabei handelt es sich um ein Fahrrad, an das man mit dem Rollstuhl hinfahren kann und das in verschiedenen Geschwindigkeiten einstellbar ist. Und das auch noch vorwärts und rückwärts. So ein Ding ist meines Erachtens unerlässlich für jemanden mit multipler Sklerose oder einer anderen scheußlichen Krankheit, die einen zwingt, im Rollstuhl zu sitzen. Beispielsweise kann ich immer noch damit Fahrrad fahren, denn es bewegt meinen Körper elektrisch, auch wenn ich keine Kraft mehr habe. Meine Knie danken es sehr. So gesehen ist ein Motomed im Gegensatz zum Stehständer ein noch dankbareres Teil, denn es taugt für längere Zeit.

Falls ich also nur die Alternative hätte, zwischen Stehständer und Motomed zu wählen, würde ich aus oben genannten Gründen das Motomed wählen. Dieses gibt es auch inklusive Trainingsmöglichkeit für die Arme. Zudem ist das dazugehörige Display auch großformatig erhältlich, für diejenigen, die Schwierigkeiten haben, Kleines zu lesen. Egal, welche Möglichkeit sie wählen, es zeigt immer die Umdrehungen pro Minute an, wie weit sie schon gefahren sind und allerhand anderes Nützliche auch.

Allerdings erfordert es von ihnen, dass sie bereit sind, täglich ihren Schweinehund zu besiegen und das Motomed zu benützen. Für mich reicht täglich eine Dauer von ca. 10 Minuten.

Die Stellgröße ist ca. 1 qm, und es muss davor noch Platz für Ihren Rollstuhl sein.

Kapitel 13: Lifter

Wenn Sie Hilfe benötigen beim Transfair von A nach B, dann sollten Sie an das Kreuz derjenigen denken, die sie heben müssen und natürlich auch an Ihr eigenes Kreuz. Deshalb ist eine Unterstützung durch ein Gerät sinnvoll. Ob das ein Lifter sein soll oder etwas Anderes, kommt ganz auf Sie an.

Wenn es denn ein Lifter sein soll, so ist es am besten, sich den Luxus eines Lifters zu gönnen, der über zwei Motoren verfügt, und zwar einen, um die Füße zu heben und einen, um den Körper zu heben. Ein solcher ist viel bequemer, als ein Einmotoriger. Mein Lifter ist von der Firma lexa. Auch hier gilt wieder, dass sie genau wissen müssen, welche Hebevorrichtung sie brauchen und warum, denn dann fällt die Auseinandersetzung mit der Krankenkasse wegen der Kostenübernahme leichter. Geben Sie nicht auf, dieses Transportmittel werden Sie lange haben und es soll sich ja auszahlen. Und denken Sie daran, sie werden auch nicht jünger. Ob ihre Krankheit voranschreitet, wissen nur sie selbst. Auf jeden Fall sollten Sie das mitberücksichtigen. Und vergessen Sie nicht, denken Sie immer daran, dass ihre persönlichen Unterstützer(innen) nur eine Wirbelsäule haben.

Sie müssen sich umfassend bei ihrem Reha-Menschen über Transportmöglichkeiten informieren. Nur dann können Sie wissen, was genau sie brauchen. Und auch hier gilt wieder: Setzen Sie sich für Ihre Belange ein, niemand anderes wird es für Sie tun.

Kapitel 14: Subrapubischer Katheter

Das ist der Katheter, den ich mir legen ließ, als klar war, ich werde ihn zumindest für eine längere Zeit benötigen. Bei diesem Katheter wird zwischen Nabel und Schambein ziemlich genau in der Mitte (bei Vollnarkose) ein Loch gemacht, dort wird sozusagen die Blase angebohrt. Dann kann der Urin abgelaufen. Ich fand diesen Eingriff notwendig, denn ich hatte festgestellt, dass ich weniger getrunken habe. Und dabei sollte man täglich zwischen zwei und drei Litern trinken. Ich bin bis heute ganz glücklich mit diesem Katheter, denn meine Haut dankt es mir. Sie bleibt verschont von dem täglichen nass werden mit Urin. Und ich habe nach zehn Jahren immer noch dieselbe Öffnung im Bauch. Der Katheter bzw. die Einstichstelle wird jeden Tag gesäubert mit einem Desinfektionsmittel. Die Einstichstelle wird mit einer Kompresse zugeklebt und zusätzlich wird der Schlauch mit einem Stück Kleber festgeklebt. Alle 5-6 Wochen wird der Katheter vom Urologen ausgewechselt. Wenn das weh tut, dann ist der Urologe nicht gut und ein Wechsel wäre angesagt. Ca. alle 10 Tage muss der Urinbeutel gewechselt werden. Natürlich darf man nie seinen Urinbeutel (die Gucci-Handtasche) vergessen.

Ich für meinen Teil finde das viel angenehmer als alles andere. Auf jeden Fall ist es viel angenehmer als dauernd einen neuen Katheter über die Harnröhre in die Blase gelegt zu bekommen. Natürlich wäre es am angenehmsten, auf die Toilette gehen zu können, aber leider geht es nun mal nicht. Ich könnte auch darüber lange lamentieren, aber das hilft mir nicht.

Kapitel 15: Integra-Maus

Das ist wieder ein Wunderwerk an Technik. Mit dieser Maus von der Firma Reha-Vista in Österreich kann ich mit ganz wenig Blasen und saugen oder mit Bewegungen des ganzen Mundes den Cursor des Computers bedienen. Ich kann so die ganze Computertechnik bewegen wie mit einer ganz normalen Handmaus.

Ich finde diese Maus ganz toll, denn ich kann mit ihr den Computer bedienen, als würde ich meine Finger noch bewegen können. In Verbindung mit einem Spracherken-nungsprogramm von der Firma Nu-ance, hier das Dragon Natural-lySpeaking Professional ist die Be-dienung des Computers für mich sehr gut zu bewerkstelligen. Das Spracherkennungsprogramm erfor-dert nur von Ihnen, dass Sie einige Begriffe auswendig lernen, denn nur auf diese hört der Computer. Mit dem Auswendiglernen der Be-griffe kann man nicht früh genug beginnen. Ich weiß nicht, ob ich heute noch das nötige Gedächtnis dafür hätte.

Kapitel 16: Kommunikation und alles, was dazugehört

Ich habe schon vor vielen Jahren, als ob ich es geahnt hätte, angefangen, mir den Umgang mit Dragon Naturally Speaking Professional anzueignen. Das ist ein Programm, das einen großen Speicher benötigt. Damit kann ich u. a. Texte diktieren, formatieren, E-mails verschicken, sofern ich die Befehle dazu kenne und auch genauso aussprechen kann, wie es für das Programm erforderlich ist. Das Spracherkennungsprogramm ist zwar teuer, aber für mich lohnt es sich, weil ich keine andere Möglichkeit habe, mit Hilfe derer ich sonst Kontakt aufnehmen kann.

Vielleicht gibt es die Möglichkeit, über eine Stiftung so ein Programm kaufen zu lassen. Mit offizieller Betreuung und vom Computerfachmann gekauft, kostete es ca. 650 €. Ich benutze es seit Jahren jeden Tag, zum E-Mail schreiben und zum Schreiben dieses Buches.

Seitdem ich auch keinen Finger mehr rühren kann, benutze ich eine spezielle Maus, die ich mit dem

Mund bedienen kann. Diese Maus heißt Integra Mouse und ist von einer Firma in Österreich, Reha Vista.

Diese Maus ist noch teurer als das Spracherkennungsprogramm. Sie wurde nach langem Zögern doch von der Krankenkasse bezahlt.

Ich sorge dafür, dass ich den Mund und meine Stimmbänder in Übung halte, indem ich seit mehr als fünf Jahren täglich ca. 20 Minuten logopädische Übungen mache. Das ist ganz wichtig für mich, weil ich Angst habe, das nicht mehr zu können und mir damit der Zugang zur Welt abgeschnitten wäre. Ich weiß, dass ich das nicht wirklich im Griff habe, aber da sind meine Grenzen und da habe ich einfach Angst davor. Wie es gegebenenfalls sein würde, weiß ich nicht und will ich auch gar nicht wissen.

Kapitel 17: Umfeld-Steuerung

Dies ist auch so ein geniales technisches Gerät. Die Umfeldsteuerung funktioniert mit Infrarot Ich kann sie von meinem Bett aus bedienen, sofern sie in Reichweite steht. Damit kann ich jemanden zu mir rufen, sofern die Person einen dazugehörigen Pager hat.

Ich kann außerdem telefonieren, den Fernseher ein und ausschalten, zwei Steckdosen ein- und ausschalten, so wie noch einiges mehr. Auch dieses Gerät wird normaler

Weise von der Krankenkasse bezahlt.

Eine Firma für Rehabilitationstechnik wird Sie sicher dahingehend beraten können. Sollte sie das nicht können, so kann Ihnen bestimmt jemand von dort Ihnen sagen, wo sie eine kompetente Person erreichen können. Auch hier gilt: lassen Sie sich ja nicht abwimmeln. Und vielleicht müssen wiederum alle Bekannten und Verwandten zusammenlegen, um das zu bezahlen, wenn ihre Krankenkasse nicht willens ist. Aber ich habe das jedenfalls als Leistung der Krankenkasse bekommen.

Kapitel 18: Das Blatt-Wende-Gerät

Das ist das teuerste Gerät, welches ich jemals von der Krankenkasse bekommen habe. Es ist auch von der Firma Reha-Vista erhältlich und kostete vor einigen Jahren ca. 9500 €. Aber es ist auch das genialste Teil. Es kann bei eingespannten Büchern die Seiten umblättern. Das war für mich alte Leseratte ein wunderbares und unverzichtbares Hilfsmittel. Ich habe es benutzt, bis die Zeilen (typisch für Multiple Sklerose) ineinander verschwommen sind und ich auch Schriftgröße nicht mehr lesen konnte. Dann habe ich es zurückgegeben. Jetzt lasse ich mir vorlesen oder höre Hörbücher. Natürlich würde ich gern selber lesen, aber was nützt es, über etwas, was nicht mehr geht, zu jammern. Traurig sein darüber, ist völlig in Ordnung.

Kapitel 19: Einlagen oder Windeln

viele Krankenkassen haben ein System, bei dem sie einen Vertrag mit derjenigen Firma eingehen müssen, die Ihnen Einlagen liefern soll. Bei manchen Firmen sind die Einlagen oder Windeln so schlecht, dass sie einem Schwammtuch mit einer Plastikfolie darauf gleichen. Ich habe seit Jahren immer wieder Probleme mit einer dieser Firmen.

Alle paar Monate kommt jemand dort auf die Idee, sich an nichts mehr erinnern zu können. Dabei habe ich längst eine Firma, die mir meine von mir bevorzugten Einlagen schickt. Allerdings musste ich sie selbst bezahlen. Damit wollte ich mich nicht zufriedengeben und habe herausgefunden, wie viel Euro im Monat meine Krankenkasse monatlich generell für Einlagen erstatten muss. Das herauszufinden war gar nicht so einfach, denn niemand wollte mir die genaue Erstattungssumme verraten. Seither und mit der Bestätigung von meiner Ärztin, dass ich die Einlagen dieser Firma nicht vertrage, muss die Krankenkasse mir den fehlenden Betrag überweisen.

Nachdem alle Beteiligten offensichtlich an Gedächtnisschwund leiden, muss ich alle paar Monate wieder den Gang zur neuen Kostenübernahme gehen. Zum Glück macht das meine gesetzliche Betreuerin für mich. Ich sehe nicht ein, dass meine Krankenkasse das, was mir zusteht, nicht bezahlen sollte und bestehe deshalb immer wieder darauf, dass sie es doch tun muss. Mal schauen, wer auf Dauer den längeren Atem hat.

Mittlerweile hat sich herausgestellt, dass ich anscheinend doch den längeren Atem hatte, denn jedenfalls funktioniert es seitdem anstandslos.

Kapitel 20: Krankengymnastik, Ergotherapie und Logopädie

Die Bedeutung dieser drei Therapien ist nicht zu unterschätzen. Auch wenn Sie der Meinung sind, das wäre Quatsch, dennoch finde ich es wichtig. Auch ich, die gar nichts mehr, außer dem Hals selbst bewegen kann, habe zweimal in der Woche Ergotherapie, einmal Krankengymnastik und einmal Logopädie.

Ich werde sowohl von der Ergo- wie auch der Physiotherapeutin immer wieder bewegt. Meine Rippenmuskeln, ebenso wie meine Füße und Hände werden massiert, denn sie neigen dazu, sich zu verkrampfen. Ich finde es ganz angenehm, immer wieder bewegt zu werden. Meine Gelenke freuen sich, wenn sie bewegt werden und ich glaube, meine Sehnen würden sich ansonsten innerhalb kurzer Zeit verkürzen.

In der Logopädie versuche ich laut und deutlich zu sprechen und dabei genügend Luft zu holen. Zudem mache ich noch täglich seit fünf Jahren logopädische Übungen und bin immer noch gut bei Stimme, spreche aber langsam und sehr leise. Ich möchte nicht, dass ich eines Tages nicht mehr sprechen kann. Denn dann könnte ich auch keine E-Mails mehr schreiben und auch kein Buch mehr verfassen.

Vom Bewegungsablauf her betrachtet, ist es möglich, dass man sich schnell falsche Abläufe angewöhnt. Geeignete Therapeuten zu finden, ist manchmal sehr schwierig. Bisweilen ist es notwendig, manche Therapeuten höflich, aber bestimmt hinaus zu begleiten. Es gibt einfach viele schlechte Therapeuten und es gibt überhaupt keinen Grund, sich mit solchen Leuten zu belasten.

Kapitel 21: Cortison

Cortison wird einem üblicherweise in 3 × 1000 mg Gaben oder etwas weniger, aber dafür es fünfmal an fünf Tagen verabreicht. Bei mir persönlich hat es überhaupt nichts bewirkt. Klar ist jedenfalls, dass man (frau auch) in dieser Zeit nichts Wichtiges beschließen sollte. Denn Cortison kann leicht manisch machen, was bedeutet, dass man (frau) dem Irrglauben unterliegt, alles tun und machen zu können und dementsprechend Entscheidungen fällt, die man (frau) ohne Cortison

nie getroffen hätte. Außerdem ver-
ursacht es Schlafstörungen. Und
natürlich nicht zu vergessen, rote
heiße Wangen.

Diese Symptome klingen nach ein
paar Tagen wieder ab. Dann können Sie auch wieder Beschlüsse
fassen.

Kapitel 22: Mitoxandron

Das ist eine Chemotherapie, die gerne bei Multipler Sklerose einge-setzt wird. Zumindest war das vor zwölf Jahren so. Ich habe es über ein dreiviertel Jahr hinweg bekom-men und ich sollte es noch weiter bekommen. Da brach ich alles ab. In der Zeit ging es mir ganz schlecht. Das Essen hing mir immer knapp an der Unterkante der Ober-lippe, es war mir permanent schlecht. Mindestens drei Wochen nach jeder Gabe hielt diese Übel-keit an. Außerdem kann ich nicht behaupten, dass ich bisher irgend jemanden kennengelernt hätte, bei dem sich oder bei der sich je eine Besserung nach der Chemotherapie gezeigt hätte. Stattdessen kenne ich nur Leute, deren Zustand unverändert geblieben ist. Und ich habe in der Marianne-Strauß-Klinik viele Leute getroffen, die auch die Chemotherapie erhalten hatten. Abgesehen davon, dass meine Venen das dauernde Blutabnehmen verübelt haben, denn die Leukozyten müssen regelmäßig gezählt werden und meine Arme und Hände waren grün und blau gestochen. Zudem hatte ich meine Periode über eineinhalb Jahre nicht mehr, was mir zeigt, wie sehr das Mittel meinen Körper beeinflusst hat. Ich würde es mir sehr gut überlegen, bevor ich mich zu einem solchen Schritt entschließen würde.

Nachdem mir mittlerweile bekannt geworden ist, dass diese Chemotherapie in nur 30 % der Fälle überhaupt etwas nützt, würde ich es mir zum heutigen Zeitpunkt sehr gut überlegen, ob ich meinen Körper einer solchen Strapaze unterziehe.

Ich würde mich sehr genau informieren, bevor ich diesen gewagten
Schritt gehen würde.

Kapitel 23: Alle anderen Medikamente

ich kann mir gut vorstellen, dass jemand das eine oder andere Medikament braucht. Auch ich selbst brauche das Medikament Baclofen zur Muskelentspannung.

Aber ich möchte ausdrücklich davor warnen, zu viele Medikamente, die sich womöglich gegenseitig beeinflussen, einzunehmen. Ich finde, mit weniger Medikamenten lebt es sich besser. Es erstaunt mich immer wieder, dass viele Menschen glauben, die Einnahme einer Vielzahl von Medikamente würden alles gut machen. Natürlich müssen wir dankbar sein für viele Medikamente, aber es ist alles mit jeder Menge Nebenwirkungen. Wenn Sie das gerne in Kauf nehmen, ist das in Ordnung. Aber sich Illusionen über irgendwelche nicht vorhandenen Nebenwirkungen zu machen, halte ich für extrem leichtfertig.

Viel zu viele Menschen nehmen, vor allen Dingen im Alter, so viele Medikament auf einmal ein, die sich gegenseitig in ihrer Wirkung aufheben können. Dabei ist das Alter keine Krankheit. So muss ein guter Arzt erst einmal alle Medikamente absetzen, um dann herausfinden zu können, welche es wirklich braucht.

Wenn Sie dann wirklich Medikamente brauchen sollten, ist die Chance, dass sie auch wirken, größer.

Kapitel 24: Homöopathie

mir hilft immer wieder aufs Neue die Homöopathie. Es ist Ansichtssache, was man für richtig hält. Ich weiß nur, die falsch angewandte Homöopathie hat keine Nebenwirkungen. Außerdem hilft sie mir bei den verschiedensten Zipperlein und bei Weitem nicht nur bei Kleinigkeiten. Ich jedenfalls schwöre auf die Homöopathie. Damit habe ich die besten Erfahrungen machen dürfen, und mit der Schulmedizin bin ich persönlich nicht wirklich zurechtgekommen.

Allerdings teile ich nicht die Ansicht, daran müsste man (oder frau) glauben. Ich halte die Wirksamkeit der Homöopathie nicht für eine Glaubenssache. Sonst hätte sie bestimmt bei meinem Hund nicht gewirkt.

Kapitel 25: Das Menta-move und die Kraft des mentalen

Es hat mich immer wieder verblüfft, wie wichtig für alles die Kraft des Denkens ist.

Das Menta-Move habe ich kennengelernt in der Rehaklinik in Rottach (bei Passau). Das ist ein Apparat, den man zum Beispiel mithilfe von drei Klebeelektroden am Arm anbringt. Dann muss man eine bestimmte Bewegung, die man mit dem Arm machen würde, denken. Der Apparat registriert dann, ob man richtig gedacht hat, und sendet eine „Belohnung", nämlich einen wohltuenden Stromschlag. Das habe ich ca. zwei Jahre lang jeden Tag zweimal 20 Minuten, später einmal gemacht.

Für meine Beweglichkeit hat es nichts genützt, aber meine rechte Hand ist heute noch in einem besseren Zustand als meine linke, zum Beispiel was die Sehnenverkürzung anbetrifft. Außerdem habe ich oft Schmerzen in den Schultern. Die kann ich gut in den Griff bekommen mit der Vorstellung, ich würde meinen einen oder anderen Arm heben und wieder senken. Ich finde, auch wenn es für meine Beweglichkeit nichts gebracht hat, so ist es doch gut für mich, dass ich die Erfahrung gemacht habe, meine Gedanken etwas bewirken. Und heute weiß ich ganz sicher, dem Körper ist es egal, ob ich eine Bewegung in echt mache oder nur in Gedanken.

Ich weiß, manche würden jetzt einwenden, dass es verwunderlich ist, dass ich mich heute so gut wie gar nicht mehr bewegen kann. Aber meine Kräfte reichten dafür einfach nicht mehr aus. Selbst dann weiß ich nicht, ob meine Kraft ausgereicht hätte. Ich hätte den ganzen Tag üben müssen und dazu hatte ich keine Kraft. Mit Sicherheit kann ich das sowieso nicht sagen. Das einzugestehen, fiel mir sehr schwer, aber so ist es.

Das Menta-Move ist eine Kassenleistung, die aber nicht gerne erbracht wird, weil der Apparat so teuer ist. 2007 war es so, dass die AOK Bayern nicht bezahlt hat, alle anderen schon. Zumindest wenn man vorher den notwendigen Druck ausgeübt hat.

Das Bewegung-Denken ist etwas ganz Feines. Damit kann man zum Beispiel in Gedanken zum Schwimmen gehen, indem man sich die Schwimmbewegungen in allen Einzelheiten vorstellt. Man (frau auch) kann das Wasser gedanklich spüren, wie es zum Beispiel an einem vorbei rauscht und sich dazu den Geruch des Chlorwassers vorstellen. Auch die Geräusche im Schwimmbad kann man (frau) vorstellen. Am besten ist es, wenn sie sich möglichst alle Möglichkeiten, die es gibt, dazu vorstellen. Zu den vorstellbaren Möglich-keiten gehört alles, was sie spüren, sehen, riechen, hören oder schme-cken. Je intensiver sie sich etwas vorstellen, desto nachhaltiger wirkt es. Ganz wichtig zu wissen ist, dass es dem Körper völlig egal ist, ob sie die Bewegungen körperlich ge-macht haben oder nur in ihrer Vor-stellung. Schon der Tennisstar Bo-ris Becker hat gesagt, ein Drittel seiner Übungen macht er im Geiste.

Vor allem, wenn man (frau) schon länger gelähmt ist, ist das wirklich eine Herausforderung. Und man muss den inneren Schweinehund überwinden. Aber es lohnt sich. Auch heute noch, nach zwölf Jahren sind meine Gelenke noch ziemlich beweglich. Und diesen Erhalt der Beweglichkeit brauche ich zum Beispiel für das An- und Auskleiden und vieles mehr. Außerdem fühle ich mich so viel wohler.

Ich möchte an dieser Stelle gerne etwas über die Krankenkassen sagen. Ich weiß, dass meine Krankenkasse nicht gerne Geld ausgibt, trotzdem war und ist sie mir immer gerne behilflich. In meiner Krankenkasse hat es bis jetzt niemanden gegeben, der oder die mir nicht gut gesonnen war. Da hatte ich viel Glück, aber wenn das anders wäre, würde ich mich mit Zähnen und Klauen für meine Interessen einsetzen. Denn, wie gesagt, wenn es ich nicht tue, wer dann? Ich weiß, ich wiederhole mich oft, aber das halte ich für ganz wichtig.

Und noch etwas zu dem Denken der Bewegung: ich kann zwar bei vielen Unternehmungen nicht mehr dabei sein, aber wenigstens kann ich mir alles vorstellen. Das ist zwar nicht dasselbe, aber besser als nichts dergleichen. Außerdem kann ich mir jederzeit eine schöne Vorstellung von etwas machen, zum Beispiel ein Badewasser in der Farbe, die mir am besten gefällt, einzulassen und meinen Nacken zu massieren. Und ich kann überall teilnehmen in meiner Vorstellung. Das ist für mich ganz wichtig, um eine innere Ausgeglichenheit herzustellen.

Kapitel 26: Die Langsamkeit

In meiner Situation und vielleicht auch für andere, ist die Entdeckung der Langsamkeit genau das Richtige.

Ich rede sehr langsam und bin auch in allen Dingen des Alltags sehr langsam. Zum Beispiel schaffe ich es nie, im Radio etwas mit zu singen, abgesehen von der Schwierigkeit, die Tonhöhe zu halten. Ich bin immer einen halben Takt zu spät dran. Ich kann auch daran nichts ändern, ich habe es versucht, aber ich bin immer zu spät dran. Wenn alle wissen, dass ich so langsam bin, macht es mir nicht mehr so viel aus. Überhaupt geht alles, aber wirklich alles sehr langsam bei mir. Das ist gut zu wissen, denn im Zweifelsfall lässt sich darauf Rücksicht nehmen.

Manchmal entstehen daraus witzige Situationen. Wenn ich zum Beispiel erst später auf etwas reagieren kann, wenn meine Assistentin schon mit ihren Handlungen etwas weiter ist, weiß sie nicht mehr, worauf sich meine Äußerung eigentlich bezieht. Ich kann machen, was ich will, ich bin einfach so langsam. Meine Erfahrung sagt mir, es nützt nichts, sich darüber zu grämen. Es nützt viel mehr, die Sache mit Humor zu sehen, denn ändern kann ich sowieso nichts. Eine wichtige Äußerung von Karl Valentin fällt mir dazu ein: mich freuts, das es regnet, weil wanns mich nicht freut, regnets auch.

Und ich weiß auch, wie problematisch es ist, wenn sich niemand die Zeit nimmt, zuzuhören. Das ist auch am Telefon sehr schwierig, es gibt nur wenige Menschen, die sich genug Zeit nehmen, mir wirklich zuzu-hören. Abgesehen davon, dass das frustrierend ist, muss ich manchmal sehr laut (für meine Begriffe zumin-dest) und auch sehr deutlich in der Auswahl meiner Worte werden, wenn ich Gehör finden will.

Kapitel 27: Emotionale Inkontinenz

Dieses Wort entzückt mich immer noch. Ich, und wie ich weiß, auch andere PatientInnen haben dieses Phänomen.

Meine Freundin sagte es mir das erste Mal, als ich in einem Geschäft war, in dem es Plüschtiere gab. Es gab sowohl Schafe im Wolfspelz als auch Wölfe im Schafspelz. Das hat mich so begeistert, dass ich laut in Entzückensschreie ausbrach.

So geht es mir bis heute öfters. Zum Beispiel muss ich oft Tränen lachen oder manchmal auch bei den Nachrichten weinen.

Da ist es für mich selbst gut zu wissen, dass es so etwas wie emotionale Inkontinenz gibt, denn dann kann ich auch anderen davon erzählen. Wenn man sich erst einmal daran gewöhnt hat, ist es gar nicht mehr so schlimm, nur ein bisschen in der Öffentlichkeit auffällig.

Ich finde ja auch, dass es ein wenig peinlich ist, aber daran ist nichts zu ändern. Es würde nur etwas ändern, wenn man mich nicht mehr in der Öffentlichkeit zeigen würde, und das will ich nun wirklich nicht. Also hilft nur, Augen auf und durch.

Kapitel 28: Das Weh-Geschrei

Mir ist es das erste Mal sehr unangenehm aufgefallen, als meine Freundin, die ich in der Reha kennen gelernt hatte und die schon seit vielen Jahren Multiple Sklerose hat, einmal hinfiel und in lautes Wehgeschrei ausbrach. Ich kann nur sagen, denn jetzt habe ich lang genug auch Multiple Sklerose, um mitreden zu können, dass es etwa so ist, als würde momentan die Welt zusammen stürzen. Vielleicht ist es eine Mischung aus Schreck und tatsächlichem Schmerz, ich weiß es nicht. Aber ich finde, es gibt Schlimmeres und man muss sich nicht schämen, falls einem so etwas passiert. Wichtig zu wissen ist nur, dass eine solche Reaktion für alle Patienten und Patientinnen einfach ganz normal ist.

Und ich glaube, dass man (frau) ein großes Problem mit der Lautstärke hat, in der gesprochen wird. Deshalb kann es sein, dass manchmal sehr viel Lärm um „nichts" gemacht wird. Das ist keine böse Absicht, es ist nur schwierig, in Situationen, die ganz plötzlich kommen wie Hinfal-

len oder Ähnliches, mit der Lautstärke auch noch umgehen zu können.

Kapitel 29: Die Prinzessin auf der Erbse

Wenn Sie, wie auch ich, eine schwerere Form der Multiplen Sklerose haben, kennen Sie vielleicht das Gefühl, sich wie die Prinzessin auf der Erbse zu fühlen.

Wegen dieser körperlichen Empfindlichkeit finde ich es auch hier von großem Vorteil, den eigenen Körper gut zu kennen. Weil ich meinen Körper gut kenne, weiß ich, was es für Folgen hat, auf einer Stelle zu liegen, die sich sicher später zu einer Druckstelle ausweiten wird. Deshalb möchte ich immer meine Kleidung und den Untergrund, auf dem ich liege, ganz ohne Falten gezogen haben. Natürlich ist das manchmal lästig, wenn ich das dritte Mal das gleiche wieder bemängele. Aber es ist besser, als wenn ich um des lieben Friedens willen nichts sage. Auch ich muss mir hier zu manchmal einen Schubs geben, aber wenn ich das getan habe, finde ich das Ergebnis richtig gut.

Des Weiteren bin ich genau so empfindlich wie die Prinzessin auf der Erbse. Wenn eine Assistentin mich zu fest anfasst, tut das weh und ich muss, wenn mir an meinem Wohlergehen liegt, etwas sagen. Auch hier finde ich es gut, meinen Körper gut zu kennen. So weiß ich zum Beispiel, dass ein Schmerz jetzt beginnt, aber das Ende (also wenn man mich loslässt) wieder aufhört und nicht bleibt. Für mich ist das wichtig zu wissen, denn das ist miteinzubeziehen, wenn ich will, dass der Schmerz aufhört. Dann kann ich einfach eine Weile warten, und dann erst nachspüren, ob es jetzt o. k. ist.

Zudem habe ich festgestellt, dass ich erst etwas spüren kann, wenn die Berührung schon längst da ist, aber dass ich nicht sofort spüren kann, wenn eine Berührung nicht mehr da ist. Deshalb muss ich immer eine kleine Weile warten, ob für mich die Berührung wirklich nicht mehr da ist. Das sind so Kleinigkeiten, aber wichtige. Das zu wissen, macht mir vieles leichter.

Kapitel 30: Die Wenn-Du-Nurs

Es gibt eine ganze Reihe von Menschen, die ganz sicher zu wissen glauben, was für uns kranke Menschen richtig und wichtig ist. Dazu gehören Leute, die immer gerne einen Rat für uns haben. Wie oft habe ich schon gehört, ich bräuchte nur dieses und jenes tun, dann würde es mir viel bessergehen. Diese Leute nenne ich die Wenn-du-nurs. Manchmal lässt es mich lachen, manchmal bringt es mich auf die Palme. Jedenfalls habe ich immer die Vorstellung, wenn ich nur genug Nordic Walking gemacht hätte, dann würde es mir heute viel bessergehen.

Diese Meinung zeugt nicht nur von großem Mangel an Einfühlungsvermögen, sie zeugt auch von einer großen Nichtkenntnis der Sachlage (wie ist das mit der Multiplen Sklerose, wann hat man welche Einschränkungen). Zwischen den Ratschlägen einer Wenn-du-nur-Person und wirklich ernst gemeinten Dingen, über die es sich lohnt, nachzudenken, zu unterscheiden, ist eine Kunst. Diese Unterscheidung zu treffen, halte ich dennoch für sinnvoll. Denn manchmal gibt es sehr gute Ratschläge und da wäre es schade, sich im Irrtum zu befinden und zu glauben, das käme von einer Person, die eine Wenn-du-nur Person ist.

Kapitel 31: Wohin mit der Wut

Vielleicht fällt es ihnen auch schwer, mit Wut gut umzugehen. Das ist etwas, was in unserer Kultur nicht wirklich verankert ist. Ich kann mich noch gut erinnern, wie ich am Anfang der Krankheit eine große Wut verspürte und nicht wusste, wohin mit ihr. Ich habe auch heute noch immer wieder eine große Wut, und es macht mir auch heute noch keinen Spaß, mit ihr gut umzuge-hen.

Alles scheint mir vernünftiger zu sein, als die Wut gegen sich selbst zu richten. Das ist speziell für Frauen ein Thema. Da finde ich, es braucht eine gute Psychotherapie, um einen guten Umgang damit zu erlernen, um die Wut nicht an irgendjemand anderen auszulassen oder gegen sich selbst zu richten.

Nichts ist schlimmer als jemand, der mit seiner Wut nicht umzugehen weiß. So wird man leicht verbittert und ekelhaft zu allen anderen. Das hat niemand verdient. Außerdem nimmt die Wut einen immer größeren Platz ein, wenn sie nicht bearbeitet wird. Ansonsten ist sie halt einfach ein unangenehmes Gefühl, das genauso dazu gehört, wie alle anderen Gefühle auch. Außerdem ist Wut für mich eine Form der Lebensenergie.

Es ist gut, wenn auch unangenehm und schwierig, vor der Wut nicht davonzulaufen. Vielmehr ist es ratsam zu erkunden, wie genau sie sich anfühlt und was eigentlich dahinter steckt. Meistens steckt Angst hinter der Wut. Das ist ganz wichtig zu wissen. Und hinter der Angst steckt oft der Wunsch nach der Freiheit, zu denken und zu machen, was man (frau) in Wahrheit will. Das ist wirklich so, kein Scheiß. Ich glaube sowieso daran, dass die radikale Selbstliebe das einzig Richtige ist.

Kapitel 32: Ernährung

Wer Multiple Sklerose hat, sollte darauf achten, möglichst wenig der sogenannten Arachidonsäure, wie sie im Fleisch auftritt, zu sich zu nehmen. Ich habe das Problem gelöst, indem ich Veganerin geworden bin. Das heißt, ich esse überhaupt keine tierischen Produkte mehr, auch keinen Käse. Ich habe mich sehr lange und ausführlich mit Ernährung beschäftigt. Und was aus all dem übriggeblieben ist, ist eine Ernährung mit Vollkornprodukten, kein Fleisch, wenig bis gar keinen

Zucker und überhaupt nur wenige Lebensmittel, die industriell verarbeitet sind. Am besten sind Lebensmittel, die so naturbelassen wie möglich sind. Mir geht es mit dieser Art der Ernährung sehr gut. Ich brauche keine Klistiere zum Abführen mehr und mein Allgemeinzustand ist viel besser geworden.

Natürlich will ich niemandem vorschreiben, was für sie oder ihn am besten sei bei der Ernährung. Aber auf Fleisch sollten Sie möglichst oft verzichten.

Als Veganerin ist es gut, mit den ganzen Fleischskandalen nichts, aber auch gar nichts, zu tun zu haben. Und ich bin nicht zuständig oder fühle mich schlecht dabei, wenn so viel Gülle produziert wird und die Tiere sehr schlecht behandelt werden.

Mir geht es als Veganerin viel besser als zuvor. Zudem habe ich meinen Schlafmittelkonsum nach zehn Jahren Zopiclon mit Hilfe eines flüssigen, alternativ verschriebenen Präparates auf null reduziert. Das habe ich selbst ganz langsam gemacht und es geht mir gut dabei. Manchmal gibt es einfach Nächte, in denen niemand gut schläft. Das ist normal. Aber ich habe kein Schlafmittel mehr.

Kapitel 33: Marianne-Strauß-Klinik

Diese Klinik liegt wunderschön im Bayerischen in der Nähe von München. Wer auf Schulmedizin steht, ist hier gut aufgehoben. Mir persönlich sagten die Zweibettzimmer nicht so zu, aber ansonsten war es dort richtig schön.

Wenn jemand auf Schulmedizin gut reagiert, wäre das meine erste Empfehlung. Außerdem finde ich dort die Gemeinschaft mit vielen anderen, die auch Multiple Sklerose haben, sehr gut zum Kontakte knüpfen.

Kapitel 34: Bioenergetische Behandlungen

Ich weiß, dass sich bei diesem Thema die Geister scheiden. Die einen sagen: Klar, die ganze Welt besteht aus Schwingungen. Die anderen sagen: Was ich nicht sehen kann, gibt es nicht. Aber ich selbst bin ganz fest der Meinung, dass alles aus elektromagnetischen Schwingungen besteht, bzw. ein unsichtbares Energiefeld hat. Es gibt unter der Sonne vieles, was wir nicht sehen oder verstehen können. Sicherlich gibt es neben den seriösen BehandlerInnen auch Scharlatane, die bioenergetische Behandlungen anbieten, und es ist nicht ganz so einfach, diese zu erkennen. In diesem Fall müssen Sie sich auf Ihre Menschenkenntnis verlassen und fragen Sie unbedingt immer im Vorhinein nach den Behandlungskosten! Nicht zu vergessen ist natürlich auch, dass es Ihr Geld ist, das Sie dafür bezahlen und für sich ausgeben. Also wollen Sie auch etwas davon haben. Es gibt keinen Grund, warum Sie Ihr Geld für etwas ausgeben sollten, das Sie nicht für eine solide Sache halten.

Mir persönlich tun bioenergetische Behandlungen sehr gut. Durch die Behandlung werden die Selbstheilungskräfte angeregt, was für den Körper zunächst ganz schön anstrengend sein kann. In meinem Fall hat es eine ganze Weile gedauert, bis ich nach der Behandlung nicht mehr einfach nur fertig war, und es mir erst nach dem anschließenden Mittagsschlaf wieder gut ging. Trotzdem kann ich solche Behandlungen nur empfehlen. Ich spüre seit mehr als einem Jahr, dass mich diese Behandlungen unter anderem wieder als Ganzes fühlen lassen. Zuvor hatte ich zum Beispiel immer kalte Beine, jetzt nicht mehr. Während der Behandlung berührt die Behandlerin bestimmte Stellen meines Körpers und lässt über die Handflächen Energie in ihn hineinfließen. Man kann nicht sehen, was dabei vor sich geht, nur spüren. Aber das ist das Schöne daran, dass es sich so gut anfühlt.

Inzwischen ist es ausreichend, wenn meine Behandlerin nur noch alle vier Wochen zu mir kommt und mir geht es insgesamt so richtig gut. Das hat allerdings zwei Jahre gedauert.

Kapitel 35: Schwerbehindertenausweis

Einen Behindertenausweis zu haben, ist von großem Vorteil. Von Haus aus stehen Ihnen mit multipler Sklerose 30 % zu. Unter 50 % lohnt es sich kaum, einen Behindertenausweis zu beantragen. Wenn Sie die 20 % noch zum Beispiel für ein Fatigue - Syndrom wollen, dann müssen Sie das sehr gut begründen. Dieses Syndrom ist meiner Meinung nach fast schlimmer als die Multiple Sklerose selbst. Denn es schränkt Sie erheblich mehr ein als die Krankheit an sich. Dies zeigt sich, wenn schon ganz einfache Dinge so schwierig zu erledigen sind, und Sie sich so müde fühlen, dass ein Einschlafen jederzeit möglich ist.

Darüber hinaus gibt es verschiedene Merkzeichen, die Sie so weit möglich und nötig, alle für sich in Anspruch nehmen können. Ich habe zum Beispiel alle Merkzeichen, außer Merkzeichen „Bl" für blind. Das bringt Ihnen zumindest eine Steuererleichterung, dann einen höheren Anspruch auf Urlaub. Und eine Begleitperson können Sie umsonst mitnehmen, zum Beispiel bei Konzertbesuchen oder ähnlichem. Auch hier kann es sein, dass Sie um die 50 % und um alle Merkzeichen, besonders um das Recht auf einem Behinderten Parkplatz, kämpfen müssen. Wenn Sie jemanden im Versorgungsamt kennen, ist das von Vorteil (zumindest geht es dann schneller). Auch hier gilt: lassen Sie sich nicht entmutigen. Niemand wird Ihnen freiwillig etwas geben, aber hierzu haben Sie das Recht.

Ich kann mich noch gut daran erinnern, was für eine Strapaze es war, keinen Behinderten Parkplatz benutzen zu dürfen. Deshalb weiß ich aus eigener Erfahrung, dass man auf diesen unter keinen Umständen verzichten kann. Also setzen sie den notwendigen Druck ein.

Kapitel 36: Internetforen

Diese sind auch ganz hilfreich, um Kontakte zu ebenfalls an Multipler Sklerose erkrankten Menschen herstellen zu können. Wichtig dabei ist nur, zu bedenken, dass die meisten Foren von der Pharmaindustrie gesponsert werden. Wer das nicht will (weil wessen Brot ich esse, dessen Lied ich singe), muss bis in die Schweiz ausweichen. Für mich waren eine gute Zeit lang diese Kontakte sehr wichtig. Leider weiß ich die E-Mail Adresse nicht mehr. Aber ich denke, wenn Sie sie mit etwas

Geduld suchen, dann werden Sie sicher fündig.

Kapitel 37: Patientenverfügung

Es ist gut, sich im Vorhinein mit dem eigenen Tod mindestens schon einmal beschäftigt zu haben. In der Patientenverfügung können Sie alles regeln, was es für sie zu regeln gibt. Es ist auch gut, wenn der Tod durch die Auseinandersetzung damit seinen Schrecken verloren hat. Dann lässt es sich viel entspannter damit umgehen. Außerdem ist es für Ihre Verwandten viel angenehmer, wenn diese wissen, was Sie wollen.

Um die Patientenverfügung wasserdicht zu machen, also so, dass für niemand Zweifel bestehen, was Sie wollen, ist es sinnvoll, diese mit einem Rechtsanwalt oder mit Fachleuten einer Palliativstation oder Palliativambulanz zu besprechen.

In meiner Patientenverfügung steht seit zehn Jahren der gleiche Text. Es ist ratsam, diese mit einer Vorsorgevollmacht zu koppeln. Genaueres erfahren Sie ebenfalls über eine Palliativstation oder Palliativambulanz.

Kapitel 38: Vorsorgevollmacht

Diese sollten Sie, wenn Sie jemanden haben, die oder der sich von Ihnen al bevollmächtigte Person in der Vorsorgevollmacht einsetzen lässt, unbedingt haben. Denn dann ist für diese Person alles viel leichter nach ihrem Tod.

Kapitel 39: Pflegegrade

Ich finde es sehr wichtig, sich, wenn nötig, in einen Pflegegrad einstufen zu lassen. Auch hier lehrt die Erfahrung, dass keine Kasse freiwillig Ihnen eine Pflegebedürftigkeit bescheinigen wird. Denn das ist direkt mit Geldausgeben verbunden. Auch hier können Sie sich an eine Beratungsstelle wenden, die Ihnen bzgl. der Fragen zum Pflegegrad behilflich sein kann. Mit einer Person ihres Vertrauens können Sie zum Beispiel ein Pflegetagebuch führen, in dem jeder Bedarf aufgeführt ist.

Haben Sie keine Scheu, auch die weniger angenehmen Verrichtungen zu erwähnen. Hier heißt die Devise, nur nicht aufgeben und immer wieder Widerspruch einzulegen.

Ich habe die Erfahrung gemacht, dass es letztlich schon etwas nützt.

Kapitel 40: Palliativstation

Palliativstation heißt eigentlich Ummantelungsstation. Sie ist die Station, die für Sie zu ständig ist, wenn es mit ihnen zu Ende geht. Diese Station ist vielleicht für sie ganz wichtig, denn ihre Aufgabe ist es, dafür zu sorgen, dass Sie keine Schmerzen haben und dass ihr Ende in Würde stattfinden kann.

Ich glaube, (fast) niemand muss heute mehr Schmerzen erleiden. Ich persönlich kann Schmerzen nicht gut ertragen, das weiß ich. Für solche Fälle und wenn herkömmliche Schmerzmittel nicht mehr wirken, wenden Sie sich am besten an die zuständige Palliativstation oder den zuständigen ambulanten Palliativdienst. Ich würde lieber ein verkürztes Leben in Kauf nehmen, als Schmerzen zu erleiden. Das muss jeder und jede für sich selbst entscheiden, aber es ist gut, wenn man (frau auch) die Wahl hat. Auch eine Schmerzklinik aufzusuchen, ist eine gute Möglichkeit. Lassen Sie sich nicht entmutigen, wenn es nicht auf Anhieb klappt. Wie man so schön sagt: auch Rom ist nicht an einem

Tag erbaut worden. Auch hier könnte es sein, dass die von Ihnen auserwählten Schmerzmittel nicht dem Üblichen entsprechen und sie daher nicht von der Krankenkasse übernommen werden. Setzen Sie sich für Ihre Belange ein oder finden Sie jemanden, der sich für Ihre Belange einsetzt! Kein Mensch wird es sonst für Sie tun, und ich finde, jeder und jede hat ein Recht, ohne Schmerzen zu leben.

Kapitel 41: PAsst! Pflegedienst

Passt!gGmbH ist eine Organisation, die persönliche Pflege und Assistenz für ein selbstbestimmtes Leben anbietet. Das heißt für mich zum Beispiel, tagsüber immer jemanden dazuhaben, die oder der für mich Dinge erledigt, die ich nicht mehr selbst machen kann. Diese Person, die im Wechsel mit anderen AssistentInnen bei mir ist, ersetzt meine Hände und noch vieles mehr. Zum Beispiel kocht gerade eine Assistentin mein Mittagessen, während ich das hier schreibe. Ich muss Tag für Tag vorausplanen, was zu tun ist. Natürlich gibt es auch Zeiten, in denen ich nicht weiß, was es jetzt gerade zu tun gibt. Dann liegt es an der jeweiligen Person, die gerade Assistenz macht, ob sie sich hinsetzt und gar nichts macht oder ob sie lieber den Besen in die Hand nimmt und bei mir kehrt.

Es ist nicht einfach, immer jemanden um sich herum zu haben, aber mir ist es viel lieber so, als im Heim zu leben und es lohnt sich auf alle Fälle.

Zudem ist von mir sehr viel verlangt, wenn ich in diesem Ausmaß Stunden über den Pflegedienst bekomme und dadurch Sozialhilfeempfängerin werde. Natürlich können Sie selbst entscheiden, für wie viele Stunden Sie Assistenz (zum Beispiel für Freizeitaktivitäten) haben wollen. Auch diese Leistung will vielleicht der zuständige Sozialhilfeträger nicht übernehmen. Dann müssen sie sich wiederum für Ihre Interessen einsetzen. Denn wenn sie jetzt klein beigegeben, dann verstößt das massiv gegen ihre eigenen wichtigsten Interessen.

Für mich ist so eine Organisation wie Passt! das Idealste, weil ich nicht den Nerv und vor allem nicht die Kraft dazu habe, mich zum Beispiel selbst um Personalersatz bei Krankheitsausfällen zu kümmern. Wenn Sie aber die Kraft dazu haben, können Sie auch selbst als Arbeitgeber auftreten. Ich finde, da gibt es einige Möglichkeiten für jeden Geschmack. Aber auch hier gilt, niemand wird Ihnen freiwillig etwas bezahlen, wenn sie sich nicht dafür einsetzen.

In jeder größeren Stadt müsste es einen Behindertenbeirat geben, an den Sie sich wenden können und der Ihnen diesbezüglich telefonisch sicher weiterhelfen kann. Falls es dennoch ein Problem geben sollte, können Sie sich in jedem Landkreis darauf berufen, dass jetzt das Zeitalter der Inklusion angebrochen ist und Sie können ganz unbequem nach deren praktischen Umsetzung fragen.

Außerdem ist für Menschen mit Multipler Sklerose der Deutsche Multiple Sklerose Verband kurz DMSG oder in Baden-Württemberg „Die Amsel" immer ein guter Ansprechpartner.

Der wesentliche Unterschied zwischen PAsst! und anderen Organisationen, wie zum Beispiel Sozialstationen, ist der, dass sie bei PAsst! immer eine Assistenz bei sich haben, und Sie selbst bestimmen, was sie gemacht haben wollen. Sozialstationen kommen nur zu fest vereinbarten Terminen und machen dann ausschließlich das, was im Vorhinein vereinbart wurde.

Bei PAsst! müssen Sie stets einen Überblick über Dinge, die Ihren Haushalt betreffen (zum Beispiel was eingekauft werden muss) haben. Bei Sozialstationen müssen sie das nicht unbedingt, denn deren Aufgabe hat gar nichts mit ihrem Haushalt zu tun.

Ich habe einen Überblick über meinen Haushalt. Um jedoch den Gesamtüberblick zu behalten, brauche ich das Ambulant Begleitete Wohnen. Alleine würde ich die Anforde-

rungen des eigenständigen Woh-
nens nicht bewältigen können.

Ein wunderbares Beispiel dafür,
dass auch ich nichts geschenkt bekomme, ist die Tatsache, dass ich
gerade gegen den Bezirk, der in
meinem Falle zuständig ist, prozes-
siere, weil dieser generell die Kosten bei körperbehinderten Menschen für das ABW nicht übernehmen will. Das wird wohl eine längere Auseinandersetzung werden.
Aber ich werde sie führen.

In der Zwischenzeit habe ich den
Prozess gegen den Bezirk gewon-

nen und der Bezirk muss mir auch rückwirkend für zwei Jahre das Ambulant Begleitete Wohnen bezahlen.

Kapitel 42: ABW

Das Ambulant Begleitete Wohnen, kurz ABW genannt, ist für mich eine der tollsten Erfindungen, die es gibt. Ich habe es seit mittlerweile sechs Jahren. Ich glaube, das war der wichtigste Teil in meinem Leben, was maßgeblich daran beteiligt war, dass ich heute hier und alleine wohne.

Das ABW umfasst bei mir ca. 2-3 Stunden in der Woche und wird von einer Sozialpädagogin oder einem Sozialpädagogen gemacht. Diese Person unterstützt mich in vielen

Lebensbereichen in Angelegenheiten, die ich nicht mehr alleine bewältigen kann oder wozu mir die Ausdauer fehlt. Außerdem hilft sie mir unter anderem, Anträge für Leistungen zu stellen, die mir das eigenständige Leben ermöglichen und auf die ich nie kommen würde.

Diese pädagogische Leistung umfasst eine große Angebotvielfalt durch die Sozialpädagogin in der Begleitung meines Lebensplanes und bietet Reflektionsmöglichkeiten (Nachdenken im Austausch) zu verschiedenen Lebenssituationen.

Schauen Sie nach, ob es so etwas bei Ihnen gibt. Beim Behindertenbeirat erhalten Sie bestimmt die gewünschten Auskünfte.

Gerade für Menschen mit dem Fatigue-Syndrom ist eine Begleitung durch eine Person vom ABW wichtig, denn es braucht vor allem immer eine motivierende, unterstützende, verlässliche und vertrauensvolle Säule.

Kapitel 43: Gesetzliche Betreuerin oder gesetzlicher Betreuer

Nachdem ich viele Unterschriften nicht mehr leisten kann (außer mit dem Mund, mit dem ich den Stift halte und naturgemäß meine Unter-schrift jedes Mal anders ausfällt) und nach dem es mir zu viel wurde, alles selbst regeln zu müssen, habe ich nun eine gesetzliche Betreuerin. Ich bin nicht entmündigt oder sonst irgendwas. Meine Betreuerin ist nur für ein bestimmtes Aufgabengebiet zuständig.

Und sie würde niemals etwas gegen meinen Willen tun. Das ist Voraussetzung für mich. Andernfalls würde ich sofort Einspruch einlegen. Es war in meinem Fall sehr schwer, überhaupt eine Betreuerin zu bekommen, weil ich geistig noch absolut zurechnungsfähig bin. Aber es war letztlich doch möglich. Ich kannte meine Betreuerin schon vorher. Das Risiko, jemand mir Unbekanntes zu nehmen, war mir zu hoch. Ich bin wirklich sehr froh, so eine Betreuerin zu haben.

Der Weg, an eine gesetzliche Betreuung zu kommen, führt über das Vormundschaftsgericht. Wie gesagt, am besten ist es, wenn Sie schon vorher wissen, welche Person dafür für Sie infrage kommt. dann können Sie einen Namen nennen und müssen sich nicht mit demjenigen zufrieden geben, den ihnen das Gericht zuteilt.

Ratsam ist auf jeden Fall, sich im Vorfeld mit der Person Ihrer Wahl abzusprechen. Das verhindert böse Überraschungen.

Kapitel 44: Psychotherapie

Die MS- Erkrankung, finde ich, ist zu groß, um alleine damit fertig werden zu können. Neben der Erkrankung und deren Folgen gibt es noch viele andere Themen, die bearbeitet werden könnten. Ich bin bereits seit längerer Zeit in psychotherapeutischer Behandlung und wir sind noch nicht am Ende angekommen. Das heißt für mich, ich fühle mich ganz wohl in meiner Therapie und ich sehe auch immer noch Möglichkeiten, zu wachsen.

Früher hatte ich einmal pro Woche einen Termin mit meiner Psychotherapeutin. Heute findet nur noch alle vier Wochen ein Gespräch statt. Da finde ich es ganz wichtig, dass Sie den Therapeuten oder die Therapeutin gut leiden mögen.

Wenn das nicht der Fall sein sollte, scheuen Sie sich nicht, den oder die Therapeutin zu wechseln. Denn mit ihr müssten Sie über persönliche Dinge reden, und das kann man nicht mit jedem.

Gönnen Sie sich eine Therapie. Keine Therapie zu machen wäre die falsche Stelle für Ihren Stolz.

Nach wie vor ist das beste Motto der Psychotherapie "Radikale Selbstliebe". Dieses Bewusstsein zu erarbeiten, dauert eine geraume Zeit, aber es erweist sich als wirklich gut und unerlässlich. Damit lässt sich gut leben.

Kapitel 45: Psychohygiene

Ich weiß, dass mein Hier sein auf der Welt begrenzt ist. Und ich weiß auch, dass ich mich nur gut fühle, wenn ich sehr auf mich achte und tunlichst alles vermeide, was mir Stress macht. Das Fatigue - Syndrom (Müdigkeit und Konzentrationsschwäche) beeinträchtigt mich doch sehr.

Ich lebe sehr zurückgezogen und bin doch der Welt sehr zugewandt. Diese Mischung ist gut für mich, denn ich weiß, wenn ich es vergesse, auf mich zu achten, dann muss

ich es am nächsten Tag heftig bü-
ßen. Ich bin dann völlig fertig den
ganzen Tag und das ist für mich
sehr schlimm. Mein Gesundheits-
system ist sehr fragil (zerbrechlich).
Das weiß ich und darauf muss ich
achten. Es mag vielleicht Menschen
geben, die meine Distanz zu vielen
Dingen nicht gut finden, aber dies
ist für mich die richtige Haltung.
Auch wenn mich manche Menschen für verschroben halten, so ist
das immer noch besser, als mich
anderen zuliebe dauernd auf eigene
Kosten zu überfordern. Also achten

Sie auf sich, denn das wird niemand für sie tun.

Manchmal wünsche ich mir sehr, dass ich wieder am Abend, wie früher, ausgehen kann. Es geht nicht und deshalb bin ich manchmal sehr traurig. Aber das ist mittlerweile in Ordnung für mich. Ich weiß inzwischen, wenn ich die Traurigkeit nicht wegschiebe, sondern das Gefühl bis zum Schluss aushalte, dann geht sie von selbst weg und ich fühle mich wieder so wie vorher. So geht es mir gut. Ich habe mich mit meiner Situation größtenteils abgefunden und ich versuche das Beste daraus zu machen.

Außerdem gibt es jede Menge Grund, das Leben schön zu finden. Das hätte ich vor meiner Psychotherapie nie gedacht, aber so ist es für mich. Ich bin mir sicher, heute geht es mir emotional um Klassen besser als noch vor drei oder vier Jahren.

Oft denke ich mir sogar, niemals wäre ich an dem Punkt, an dem ich heute bin, wenn ich nicht krank geworden wäre. Das ist zwar schwer zu akzeptieren, aber für meine Person zumindest stimmt das so. Und hier würde ich das Rad nicht zurückdrehen wollen.

Kapitel 46: Das liebe Geld

Wenn es absolut nicht klappen will mit dem Geld, sei es, weil sie entweder nicht ausreichend versichert sind oder weil ihre Krankenkasse sich stur stellt, dann gibt es noch andere Möglichkeiten. Es ist immer gut, sich möglichst um einen oder zwei Fürsprecher (innen) oder/und Förder (innen) zu bemühen. Entweder wird ihre regionale Zeitung eine Stiftung haben, oder zumindest kann Ihnen jemand von Ihrer örtlichen DMSG (Deutsche Multiple Sklerose Gesellschaft) eine Stiftung

nennen. Und auch da gilt: nicht abwimmeln lassen aber auch nicht
mehr verlangen, als ihnen zusteht.
Am besten ist es, wenn sie genau
Bescheid wissen, was das, was sie
benötigen, kostet. Ich habe die Erfahrung gemacht, wenn es ihnen
gelingt, einen seriösen Eindruck zu
machen, steht ihrer Finanzierung
nichts im Wege. Es kann sein, dass
Sie erst einmal überlegen müssen,
was sie am dringendsten benötigen.
Dann tun sie das, denn dann wird
klar, was ihnen wirklich am Herzen
liegt und was für Sie unverzichtbar

ist. Natürlich habe auch ich über viele Jahre hinweg gebraucht, bis ich all das zusammen hatte, was ich so brauchte.

Kapitel 47: Das ist alles so unbequem

Stimmt, da haben Sie recht. Das Leben ist nicht dazu da, um uns zu gefallen. Leider ist das wahr, ob es uns nun passt oder nicht.

Nur, wenn man (frau) sich mit dem unbequemen Teil der Krankheit wirklich ernsthaft beschäftigt und wenn man (frau) regelmäßig übt, kann man (frau) mit ein bisschen Erfolg rechnen.

Mir jedenfalls macht es Spaß, sich mit mir selbst auseinander zu setzen. Wenn es Ihnen keinen Spaß

macht, dann ist dieses Buch wahrscheinlich nichts für Sie.

Wenn Sie einen Weg kennen, auf
dem das Ganze mit weniger Auf-
wand zu erreichen ist, dann ist das
wunderbar.

Kapitel 48: Feldenkrais

Wenn Sie wie ich der Meinung sind, Sport ist Mord, wäre die Feldenkrai-smethode genau das Richtige für Sie.

Ich dachte immer, Feldenkrais sei total langweilig. Aber nachdem ich es selbst praktiziert habe, finde ich es total spannend. Alleine schon der Satz: "Machen Sie davon nur die Hälfte und davon nur 10 %....", ist Musik in meinen Ohren.

Es kommt nicht darauf an, so viel wie möglich zu machen, sondern darauf, es zu spüren. Das Spüren

ist das Wesentliche, auf das es an-
kommt. Ich habe so lange mitge-
macht, wie ich konnte. Ich weiß,
Feldenkraiskurse sind wirklich teuer, aber es lohnt sich. Vielleicht
können ja ihre Bekannten und Verwandten zusammenlegen, das
ergäbe einen guten Sinn, viel mehr
als irgendwelche Mitbringsel, die
weggeworfen werden. Sich einen
Lehrer oder eine Lehrerin von der
Feldenkrais-Gilde zu nehmen, wäre
sehr zu empfehlen.

Kapitel 49: Sie sind ein(e) Angehörige(r) oder Freund(in) eines schwer erkrankten Menschen

Gehen Sie davon aus, dass niemals jemand um Sie zu ärgern, leise oder langsam spricht oder sonst etwas Befremdliches tut. Seien Sie ebenso vorsichtig mit Ihrem Urteil bei fremden Menschen, denn es gibt sehr viele neurologische Leiden, die niemand kennt.

Jeder Mensch, der irgendwie eingeschränkt ist, wird Ihnen dankbar sein für ihre Nachsicht. Das insbesondere dann, wenn nicht von außen sichtbar ist, dass dieser Mensch eingeschränkt ist.

Kapitel 50: Sterben

Dieses Thema geht uns wirklich alle an. Denn wir alle müssen irgendwann sterben. Es ist nur in unserer Gesellschaft so, als ob wir alle ewig leben würden. Dabei gibt es kaum etwas wichtigeres als die Geburt und den Tod. Das ist für die meisten Menschen ein schwieriges Thema.

Für mich ist es das nicht mehr. Ich habe mich schon viel damit auseinandergesetzt. Es ist gut, wenn sie sich schon damit befasst haben, denn das erleichtert vieles. Zum

Beispiel wird dann die Angst vor dem Sterben einfach kleiner. Ich habe überhaupt keine Angst vor dem Sterben. Ich glaube, es geht ganz leicht und der Tod ist nichts, von dem man (frau) sich fürchten muss, weil er nichts Schlimmes für uns bereithält. Vielleicht habe ich sogar ein bisschen Sehnsucht danach, weil das Leben für mich so anstrengend ist. Ich bin mir sicher, der Tod ist für uns alle angenehm. So etwas wie schreckliche Dämonen, meine ich, gibt es nicht. Voraussetzung ist aber, sich mit dem

Thema zu befassen, dann verliert es all seinen Schrecken.

Um überhaupt friedlich sterben zu können, muss man (frau auch), meiner Auffassung nach vorher richtig gelebt haben. Und da bin ich noch dabei, das Leben so richtig zu genießen. Das heißt für mich, jeden Augenblick angstfrei zu erleben, ohne Sorgen für die Zukunft. Es nützt sowieso nichts, sich vorher Sorgen zu machen über etwas, was vielleicht gar nicht eintritt.

Es ist auch für alle Angehörigen viel einfacher, wenn Sie von sich aus das Thema Tod ansprechen. Dann haben auch ihre Lieben keine Angst mehr, und es lässt sich viel leichter darüber reden. Es kann schon sein, dass es für sie niemals ganz normal sein wird, darüber zu sprechen. Das wird in unserer Kultur nicht gelernt. Ich selbst brauche immer einen Grund, um darüber reden zu können. Aber auch, wenn Ihnen das Reden darüber schwerfällt, haben Sie nur so eine Chance, alle Ihre Wünsche bezüglich der letzten Lebensphase erfüllt zu bekommen.

Ich halte es für sehr wichtig, sich beizeiten Gedanken darüber zu machen. Sonst kann es Ihnen passieren, dass sie auf einer Intensivstation liegen. Wenn sie sich nicht mehr selber äußern können, werden ihre Angehörigen dazu befragt, ob sie, wie das kurz vor dem Lebensende eigentlich normal wäre, keine Nahrung mehr bekommen sollen oder ob Sie künstlich ernährt werden sollen. Wenn Ihre Angehörigen aus Unwissenheit und Angst davor, etwas falsch zu machen, der künstlichen Ernährung zustimmen, wird Ihnen flugs eine Magensonde gelegt. Mit dieser stirbt es sich ganz schlecht. Dann liegen Sie, wenn sie Pech haben, ewig und warten auf den Tod.

Wenn Sie das nicht wollen, bleibt ihnen nichts anderes übrig als sich vorher eingehend mit dem Tod zu befassen und Ihren Angehörigen mitzuteilen, wie sie sich ihr Lebensende vorstellen. Es zählt die Mitteilung und zur Sicherheit dies zu verschriftlichen.

Kapitel 51: Zu guter Letzt

Ich möchte gerne noch einmal auf das schon erwähnte Buch von Sonja Wierk zurückkommen und ein paar Themen ansprechen, die in diesem Buch behandelt werden.

Ich habe im Vorfeld schon mehrmals beschrieben, wie wichtig es ist, den eigenen Körper so gut wie möglich zu kennen. Zum einen eben für den Umgang mit den Ihnen behilflichen Personen und zum anderen für Sie selbst.

Denn mir ist zum Beispiel erst nach mehrmaligem Lesen des Buches

klar geworden, was für ein unglaub-
liches Wunderwerk der Mensch
doch ist, ob er nun voll funktionsfä-
hig ist oder nicht.

Wenn Sie, ebenso wie ich, eine
schwerere Form der Multiplen Sklerose erwischt haben, wird Ihnen
vermutlich auch ein geregelter Ta-
gesablauf und etwas zu ihrer Beru-
higung und Entspannung wichtig
sein. Bezüglich der Entspannung
habe ich mit dem regelmäßigen
Meditieren gute Erfahrungen gemacht. Dazu eignet sich meiner
Meinung nach sehr gut das Yoga

Nidra, das ausschließlich in Gedanken stattfindet und keinerlei Bewegung erfordert.

Jede massive Erkrankung ist zu schwer, um sie alleine tragen zu können. Deshalb ist es wichtig, sich unbedingt jemanden zu suchen, der bereit ist, die Krankheit mit Ihnen zu tragen. Mehrere Schultern tragen das gleiche Gewicht, aber für jede Schulter ist es etwas weniger.

Dennoch ist es auch wichtig, nicht nur von der Krankheit zu sprechen. Denn es gibt auch noch andere Dinge im Leben, die wichtig sind.

Vermutlich mag auch bald niemand mehr zuhören, wenn sie nur über ihre Krankheit sprechen. Ihre Krankheit nimmt in Ihrem Kopf genau so Raum ein, wie Sie es zulassen. Vergessen Sie nicht: Sie bestehen aus viel mehr als nur aus der Krankheit. Lassen Sie dies auch die anderen Menschen nie vergessen.

Kapitel 52: Ganz zum Schluss

Auf die Gefahr hin, Ihnen damit auf die Nerven zu gehen, halte ich es für unverzichtbar, den eigenen Körper gut zu kennen und das mentale Training zu üben.

Ich könnte zum Beispiel nicht ohne mein mentales Training und ohne meine gute Körperwahrnehmung, so gut herunter schlucken wie ich es jetzt noch kann. Ich würde mich ganz oft ziemlich hässlich verschlucken, wenn ich nicht jeden Schluck ganz bewusst täte. Deshalb wird bei mir während der Mahlzeiten auch immer das Radio abgeschaltet und die Gespräche finden in der Zeit nicht statt.

Natürlich höre ich gerne zu, aber wenn ich lachen muss oder unbedingt etwas sagen möchte, dann geht es dahin mit meinem Mich-Nicht-Verschlucken. Deshalb sagen die meisten meiner Assistentinnen nicht viel während des Essens. So und nur so kann ich manches noch machen, wie eben z.B. das Herunterschlucken, das ich für elementar halte.

Kapitel 53: Klugscheißerei

ich habe lange überlegt, ob und wie ich das ansprechen soll. Ich glaube, wenn ich nicht einen Hang zur Klugscheißerei hätte, wäre ich gar nicht auf die Idee gekommen, ein Buch oder eine Broschüre zu schreiben. Also verwenden Sie das, was ihnen taugt, und den Rest lassen Sie sich den Buckel runterrutschen.

Kapitel 54: Literaturverzeichnis

Barbara Zaruba und Sonja Wierk, "Dem Leben wiedergegeben"

Herbig Verlag, ISBN 3-7766-2294-6

Georg Parlow, "Zart besaitet"

Festland Verlag Wien, ISBN: 978-3-9501765-8-2

Diana Dreeßen, "Mach dich unbeliebt und glücklich"

DTV Verlagsgesellschft, ISBN: 978-3-423-34883-6

Paul Watzlawick, "Anleitung zum unglücklich Sein"

Piper Verlag, ISBN: 978-3-492-24938-6

Alice Miller, "Das Drama des begabten Kindes"

Suhrkamp Verlag, ISBN: 3-518-03636-X

Jessica Wilker, "Das Einmaleins der Achtsamkeit"

Herder Verlag, ISBN: 978-3-451-07085-3

EckartTolle, "Jetzt!"

Kamphausen Verlag, ISBN: 3-933496-53-5

Wenn Sie das eine oder andere Buch nicht mehr im Buchladen finden, können Sie es beim modernen Antiquariat versuchen.

Danksagung

Ich danke besonders Eva-Maria Kossmann und Irmi Stripp für ihre unermüdliche Arbeit, alles immer wieder durch zu lesen und Korrektur zu schreiben.

An dieser Stelle möchte ich auch allen Assistentinnen Dank sagen für ihre Geduld und die Bereitschaft, immer etwas dazu zu lernen.

Für alle Fehler, bin ausschließlich ich selbst verantwortlich.

Beate Gokorsch

Zeitfracht Medien GmbH
Ferdinand-Jühlke-Straße 7
99095 Erfurt, Deutschland
produktsicherheit@kolibri360.de